奥地利学派经济学经典译丛

上海市“十二五”重点图书

奥地利学派经济学入门
&
米塞斯思想精要

［美］托马斯·C. 泰勒（Thomas C. Taylor）
［美］穆瑞·N. 罗斯巴德（Murray N. Rothbard） 著

杨 震 熊 越 李 杨 译

杨 震 校

上海财经大学出版社 SHANGHAI UNIVERSITY OF FINANCE & ECONOMICS PRESS

上海学术·经济学出版中心

本书由上海文化发展基金会图书出版专项基金资助出版

图书在版编目(CIP)数据

奥地利学派经济学入门 & 米塞斯思想精要 / (美) 托马斯·C. 泰勒 (Thomas C. Taylor), (美) 穆瑞·N. 罗斯巴德 (Murray N. Rothbard) 著 ; 杨震, 熊越, 李杨译. -- 上海 : 上海财经大学出版社, 2024. 6. -- (奥地利学派经济学经典译丛). -- ISBN 978-7-5642-4390-6

Ⅰ. F091. 343; F095. 21

中国国家版本馆 CIP 数据核字第 2024CN2130 号

□责任编辑　吴晓群

□封面设计　张克瑶

奥地利学派经济学入门 & 米塞斯思想精要

［美］ 托马斯·C. 泰勒 (Thomas C. Taylor) 穆瑞·N. 罗斯巴德 (Murray N. Rothbard) 著

杨　震　熊　越　李　杨　译

杨　震　校

上海财经大学出版社出版发行

(上海市中山北一路 369 号　邮编 200083)

网　　址:http: // www. sufep. com

电子邮箱:webmaster @ sufep. com

全国新华书店经销

上海颛辉印刷厂有限公司印刷装订

2024 年 6 月第 1 版　2024 年 6 月第 1 次印刷

700mm×960mm　1/16　12.25 印张(插页:2)　182 千字

定价:56.00 元

总 序
——“人的行动”的经济学

奥地利学派经济学的理论体系非常丰富，它涵盖了方法论、经济理论、政治哲学等诸多领域，它既有理论，也有政策，是真正的跨学科。也许正是由于其理论体系的丰富性，不少人会产生这样一种印象，即奥地利学派经济学是支离破碎的，各个理论相互之间缺少关联。为了纠正这种不正确的看法，本文将以这套丛书的主题，即利息、时间、资本理论与商业周期理论为例，说明奥地利学派经济学的整体性。把奥地利学派经济学的各种具体理论一环一环地扣在一起的是“人的行动”思想，“人的行动”贯穿了奥地利学派经济学的整个理论体系，它不仅是奥地利学派理论体系的基础，而且是奥地利学派经济学区别于其他经济学派的独特之处。

一、“人的行动”贯穿了利息、时间与资本结构思想

奥地利学派经济学明确地指出，利息源于人的时间偏好。利息产生的唯一原因是人们有“正的时间偏好”，即人们对于当前在手的物品的评价要高于未来才能到手的同一物品。也就是说，人们对于一件未来的物品，在现在评价时，其价值要低于在未来某个时刻的评价。因此，利息可以看作现在与未来“交换”的产物。由于任何生产都要花费时间，因此生产者、资源所有者和消费者在做出市场决策时都必须考虑利率现象。如庞巴维克所说，人们往往“低估未来”，对同一物品，人们偏好现在的而不是未来的物品，“现在物品通常比同种类、同数量的未来物品具有更高的主观价值。由于主观评价的结果决定客观交换价值，因此现在物品通常

比同种类、同数量的未来物品具有更高的交换价值和价格”。[1] 由于人们对同一物品的现在价值与未来价值的评价是不同的,因此“不管什么社会组织和法律制度,只要有现在物品和未来物品相交换的场合,利息总是会出现的”[2]。由于利息是时间偏好的产物,因此利息是不可能消除的。

在利息问题上一个容易犯的错误是认为利息源于“生产力”,由于资本的使用提高了生产力,因此贷款人要给借款人一个回报,利息就是使用资金的回报,或者说“剩余价值的一部分”。对此,米塞斯予以明确的否认。他说,通过延长生产时期能增加单位投入的产出数量,或生产那些短时期内根本不能生产的产品。但是并不能因此认为这样增加的财富价值就是利息的来源。[3] 在米塞斯看来,“利率”纯粹是“时间”现象,与资本或资本品没有关系,尽管利率很典型地出现在使用资本的世界中,但利率绝非资本的生产力回报。“利率”与“生产”的关系不是资本的生产“产生”了利率,而是由于任何生产都要花费时间,因此生产者、资源所有者和消费者在做出市场决策时都必须考虑利率现象。

“时间偏好”属于“人的行动”范畴,不属于“心理”范畴。米塞斯从其“人类行为经济学”方法出发,认为,虽然庞巴维克意识到人类的“时间偏好”是普遍存在的,但庞巴维克的“时间偏好”论是建立在“心理”考虑之上的,而“心理因素”不能证明“时间偏好”规律在任何时候、任何场合都能适用。[4]

要正确地理解利息,就必须正确地理解时间。“时间偏好”中的“时间”不是“平均生产时间”,而是一个属于“行动学”范畴的概念。“生产时期”在行为中扮演的角色完全存在于行为人在不同长度的生产时期之间的“选择”,“生产时期”是由选择构成的,物理意义上的生产时期长短在米塞斯看来并没有多大的意义。庞巴维克之所以在利息问题上表现出折中的“二元论”,一个重要的原因是他没有认识到时间的“行为学”性质,

---

〔1〕 庞巴维克. 资本实证论[M]. 陈端,译. 北京:商务印书馆,1981:253.

〔2〕 庞巴维克. 资本实证论[M]. 陈端,译. 北京:商务印书馆,1981:262.

〔3〕 Mises. L, Von(1949), *Human Action: A Treatise on Economics*. Third Revised Edition. Fox&Wilkes San Francisco. 1966, pp. 526-527.

〔4〕 Mises. L, Von(1949), *Human Action: A Treatise on Economics*. Third Revised Edition. Fox&Wilkes San Francisco. 1966, p. 485.

而把时间理解为“平均生产时间”，这导致他一方面认为利息源于“时间偏好”，另一方面又认为利息源于“生产力”。

利息是资本的价格，利息又源于时间偏好。对时间的认识，决定了对资本的认识。我们同意哈耶克的观点：“资本问题实际上是个时间问题”。哈耶克指出，“时期”不是单维的。在他看来，不同要素具有不同的投资时期；如果用单个时间维度，如“平均生产时期”去描述这些各异的投资时期，是不可取也是不能允许的。[1] 哈耶克在这点上可谓一针见血。以生产眼镜为例，假如生产镜架的时间是 2 天，生产玻璃片的时间是 1 天，我们可以说生产眼镜的“平均时间”是 1.5 天吗？显然不能，如哈耶克所指出的，这个“平均时间”没有意义。哈耶克正确地指出，社会生产是相互联系的，“生产时期”是多维度的矢量，不同产品的“生产时期”不能加总测量，不能“平均化”，社会的“平均生产时期”既不能说明什么问题，也不能进行比较。“单一的生产时期”或“平均的生产时期”等是没有意义的抽象概念，因为这些概念与真实世界没有多少联系。“平均生产时间”的概念导致了资本的“基金论”，因为时间可以平均，资本必然就被看作能够自动地自我复制、保持或扩大自身规模的“基金”。而按照奈特的资本“基金论”，资本一旦存在，就能自发地进行再生，所有资本都是概念上的、永续的，资本的替代是理所当然的。

以奈特和克拉克等人为代表的新古典经济学的资本理论是“基金论”。在“基金论”中，资本是没有“时间”内涵的，因为生产、分配、交换和消费在新古典经济学的模型中是同时发生的。不同于“平均生产时间”，米塞斯与拉赫曼等人采用的是“个人”的与“主观”的时间。在这种“主观的”时间观的基础上，奥地利学派经济学家认为资本是“结构的”，他们提出的资本结构论迥异于新古典经济学的资本基金论。人们一般只看到资本的总量，而忽视资本的结构，实际上资本“结构”的变化远比“量”的变化重要，“总资产值的变化是我们衡量成功的标准，但它不能告诉我们发生了什么事和为什么会发生，就如同温度计不能告诉我们病人是患有疟

---

〔1〕 Hayek, F. A. (1936), The Mythology of Capital. *Quarterly Journal of Economics*. 50. 199-228. p. 206.

疾还是流感"[1]。

奥地利学派经济学在研究资本时把目光聚焦于人的行动,而非资本品,并且认为资本必然与个体的计划或预期联系在一起。如哈耶克就认为,资本理论的基础应该是"个体的决策"[2]。资本品"没有用",并不是因为失去物理用途,而是不再进入计划。"结构"的含义即资本必然表现出特定形式的复杂关系。[3] 资本有不同的功能,必须结合使用,计划的改变将改变资本的结构(组合),原来的结构将不复存在。不同人有不同的计划,资本在"计划中"得到使用,资本只有进入一个生产计划,参与一个生产过程,才产生互补性;[4]当计划被修改时将产生替代效应,原先有用的资本将被剔除、被替代。因此,在给定的计划下说互补性才有意义,而新古典经济理论在讨论"互补效应"时不涉及当事人的计划,认为互补性就如同磁带和录音机之间的关系那么客观。

凯恩斯的理论中没有"个体的计划",因此也就没有资本结构的思想,在他看来,"新的资本组合出现在原来的资本组合中,而不会对原先的有改变"[5]。这一论述与现实不符,这也是哈耶克说凯恩斯缺少资本理论的原因。不同的资本结构会产生不同的服务流,而同样的资本品在不同的结构中也会产生完全不同的服务流。即便是在资本品构成不变的情况下,企业家计划的改变也会导致资本结构的重组。一个明显的证据是:在资本市场上,当一个企业宣布某项计划时,股价就会发生变化。每个企业都在尽可能地优化其资本结构,有可能是扩张,如阿里巴巴最近进行的并购,也有可能是缩减,如海尔最近宣布的裁员。如果仅仅考察一个社会资本"量"的变化,而不去考虑资本"结构"的变化,那显然是片面的。事实

---

〔1〕 Lachmann, L. M., *Capital and Its Structure*. Sheed Andrews and McMEEL, Inc. 1978, p. 36.

〔2〕 Lachmann, L. M. (1982), The Salvage of Ideas: Problems of the Revival of Austrian Economic Thought. In Littlechild, S Austrian Economics. Vol. Ⅲ. Edward Elgar. 1990, p. 338.

〔3〕 Lachmann, L. M., *Capital and Its Structure*. Sheed Andrews and McMEEL, Inc. 1978, p. 59.

〔4〕 Lachmann, L. M., *Capital and Its Structure*. Sheed Andrews and McMEEL, Inc. 1978, p. 56.

〔5〕 Lachmann, L. M., *Capital and Its Structure*. Sheed Andrews and McMEEL, Inc. 1978, p. 58.

上,根据资本结构理论,资本不能简化为“量”并用“量”去描述。

套用哈姆雷特的话,资本是“量”还是“结构”,这是一个问题。主流经济学的一些理论,特别是经济增长理论,就是把资本当作“量”来考虑的,假如人们意识到资本不是“量”而是“结构”,那么我们就会认识到这种增长理论的基础存在缺陷。显然,我们更应该关注资本结构问题。如克莱因所说,“现代经济所面临的关键问题是资本结构问题,即资本应该怎样分配于各种经济活动中?”〔1〕资本结构理论有着巨大的应用前景,它的价值显然还没有被充分认识。下面谈谈它与商业周期理论的关系。

二、商业周期与资本结构的混乱

根据资本结构理论,企业家改变计划,资本结构也会随之改变,如果企业家的计划错乱,就会导致资本结构紊乱;如果企业家的计划普遍发生错误,那么资本结构将出现严重混乱,其外在的表现就是“商业周期”。奥地利学派经济学家也用“生产结构”的扭曲来说明商业周期,但“生产结构”这个概念的主观主义色彩不如“资本结构”那样鲜明,因此,用资本结构的混乱来说明商业周期更能体现奥地利学派经济学的特色。那么企业家制订计划时为什么会普遍地发生错误从而导致商业周期呢?原因在于政府对市场的干预,尤其是对货币和银行体系的干预,从而使市场信号失去应有的功能。在奥地利学派经济学家看来,商业周期不是市场本身的问题,而是政府干预、扭曲货币、银行这些重要的市场制度所导致的。这些制度本应该是市场自发形成的,但由于政府的干预,这些制度失去了原有的功能。德索托教授的《货币、银行信贷与经济周期》一书正是以米塞斯的货币和银行理论为基础,从货币制度和银行制度两个方面,对奥地利学派的经济周期理论做了全面阐述的著作。

人们往往把“货币”(money)与“通货”(currency)相混淆,在日常生活中使用的“货币”是政府发行的纸币,但纸币其实是“通货”,不是真正的

〔1〕 Peter Klein(2010),*The Capitalist and the Entrepreneur:Essays on Organizations and Markets*, Ludwig Von Mises Institute, p. 11.

货币。货币的本质是黄金,而通货是政府发行的信用媒介(法币),与黄金没有关系,它只是一个符号,甚至是一个数字,本身没有价值。政府发行的通货取代货币,是发生商业周期的根本原因之一。

米塞斯认为,"信用媒介"是一种没有黄金储备做后盾的货币。在商品流通中,信用媒介与货币具有相同的功能,但信用媒介更容易扩张,这种信用媒介的扩张会导致市场利率系统性地低于自然利率,或者说信用媒介没有扩张时的利率,低利率将刺激企业家扩大生产,出现上文说的"企业家计划的普遍错误",导致生产结构(资本结构)的变化不符合消费者的跨期偏好。企业家将投资在被人为压低了的利率下看似具有"营利性"的项目,生产规模的扩大意味着对生产资料和劳动力的需求增加。但是生产资料和劳动力的数量没有增加,增加的只是信用媒介。投入新企业的生产资料和劳动力,必然要以其他企业中生产资料和劳动力的减少为代价,这就意味着生产资料价格和工资的上涨,进而导致消费品价格的上涨,造成了繁荣的假象。

但是,这个繁荣的势头不可能一直维持下去,"市场参与者会意识到没有足够的储蓄去满足所有的新投资项目;当所有的这些不良投资被发现并清偿时,这种虚假繁荣的泡沫就破裂了"[1]。如罗斯巴德指出的,生产过程总是比货币的流通过程更长,在生产过程完成之前,物价就已经上涨了,物价的上涨导致企业生产成本提高,企业的利润将被侵蚀,那些在信用扩张(低利率)的情况下看似具有盈利能力的项目就不再是盈利的项目,而是投资失误了。一旦银行为防止货币体系的崩溃而采取措施终止信用的扩张,一些企业就不得不缩减生产规模,而另一些企业将关门甚至破产。

在信用扩张的情况下,一方面,在远离消费品的一端出现产能过剩;另一方面,在靠近消费品的一端,由于土地、劳动力和资本等要素的价格上涨,企业的利润下降,即使企业提高消费品价格,可能也不足以弥补要素价格的上涨。这种情况一般被称为"生产结构的扭曲",但我们更愿意

---

〔1〕 Peter Klein(2010),*The Capitalist and the Entrepreneur*:*Essays on Organizations and Markets*,Ludwig Von Mises Institute,p. 182.

称之为“资本结构的混乱”。

吊诡的是,在信用扩张的过程中,一边是货币供应量大幅增加,另一边却出现“钱荒”,即企业的融资成本反而更高了。这是为什么?原因在于,信用扩张促进资产(尤其是房地产)价格上涨,大量的信贷资金流入投机性的领域,追逐实体经济中难以获得的利润。在这种情况下,市场的借贷利率提高了,对需要资金的企业来说,市场利率的提高就意味着需要支付比原先更高的融资成本。“货币数量论”难以解释这一现象,因为根据该理论,可以用多印钞票的办法解决“钱荒”问题,但这一办法显然是饮鸩止渴。

信用扩张也与银行制度的扭曲有关。银行制度的扭曲,集中表现在“中央银行”和“部分储备的银行制度”上。“部分储备的银行制度”是指银行的贷款并没有黄金和储户自愿的储蓄做后盾,或者说银行把储户的活期存款都贷出去了。储户(尤其是指活期存款的储户)把资金放在银行里是为了获得安全和随时提取的便利,储户有随时把资金提取出来的权利,银行在未经储户许可的情况下私自将这部分资金贷放出去,不可避免地造成重复支付问题,并且显然是侵害了储户的财产权,剥夺了该储户存款的一部分购买力,也违背了货币本质上是黄金的原则,“部分储备的银行制度”实际上是违背私法的行为。

“部分储备的银行制度”非法地扩张了信用,银行也正是利用储户不会集中提取存款来获利。假如储户都向银行提取存款,银行必然破产,但是在没有信用危机的情况下,这种情况一般不会发生。这种银行制度之所以能长期存在,一个重要的原因是中央银行为它提供了保障,更准确地说,商业银行从中央银行那里获得了以部分储备就可以实施信贷扩张的“特权”。那么为什么政府要给银行特权呢?答案在于政府和银行之间存在互利关系:政府可以利用银行发债,或通过其他方式进行信用扩张,解决自己的财政困难而不必求助于税收;而银行在信贷扩张中多“销售”了本不存在的货币,获得了巨大的利益,而且不用承担信用扩张的风险,因为所有的风险都可以让中央银行承担。正是政府在背后的怂恿,让银行堂而皇之地践踏私法,破坏市场经济正常运转所必不可少的财产权。

如米塞斯在《人的行为》中早已论述的,如果政府从未为某些特殊银行的利益而采取干涉行动,如果政府从未解除某些银行遵照契约清偿债务的义务(在市场经济中,这是所有个人和所有商号必须履行的义务),就不会有什么银行问题出现。每家银行对于自己的偿付能力的考虑,就可以使它不得不小心谨慎而不敢过分发行信用媒介,否则就会破产。但如果有了中央银行,情况就不同了——有了中央银行这个依靠,商业银行就会肆无忌惮地扩张信用。

可见,用于交易的媒介只能是真正的货币,企业家投资的资金只能来自自愿的储蓄,即可转作生产资源的真实消费品的节约,而不是信贷扩张产生的货币资金。然而,在政府干预货币和银行体系之后,出现了两个"没有支持":作为交易媒介的法币没有黄金支持,用于投资的信贷没有真实的生产资源支持。

三、干预主义者的理论中没有"人的行动"这一因素

门格尔早就指出,货币和语言一样,是在历史中自发形成的。而经济危机的根源就在于政府对传统法律原则和产权制度的破坏,使货币制度和银行制度失去其应有的协调功能,导致企业家在制订计划时普遍发生错误,致使资本结构出现普遍的混乱,因此可以把经济危机问题归为"人的行动"问题;从另一方面看,忽视"人的行动",或者说在理论体系中排除"人的行动",也正是干预主义理论谬误的根源。

在干预主义的理论体系中没有"人的行动"这一因素,这一点在价格理论中有明显的体现。对价格有两种理解:一种认为价格包含了无数个体的知识(观念、预期和判断),价格反映、传递和整合不同人的知识,将知识从一个角落传递到另一个角落,这个传递知识的过程也是协调不同人的行动,使经济成为一个整体的过程,也就是拉赫曼说的"使分散的计划趋向一致"[1]。与之相反,干预主义者则把价格当作参数,认为价格可以人为地予以调整,是实现干预者预想的均衡(市场出清或最大化)的工具,

---

〔1〕 Lachmann, L. M., *Capital and Its Structure*. Sheed Andrews and McMEEL, Inc. 1978, p. 61.

在这种理论体系中,知识被视为给定的技术和偏好,在做出这样的假定之后,剩下的问题就是求解实现均衡的价格。干预主义者没有看到价格是在人的行动过程中自发形成的,"这种最适合现代文明的价格体系乃是通过某种奇迹而自发形成的"[1],"价格机制并不是人之设计的产物"[2]。德索托也指出,"价格不是人们要去适应的给定物。相反,正是不断行动的人,创造价格并调整它们"[3]。

不难发现,对于价格,凯恩斯正是采取了后面这种理解。在他的理论中,只有设定价格参数的"干预者",并没有作为市场参与者的"行动人"。也就是说,凯恩斯所犯的错误与兰格等人本质上是一样的,都把价格设想为参数,是干预者可以任意调节的工具,他们没有看到,市场价格是"行动人"的产物,是所有市场主体共同创造出来的。凯恩斯创立了宏观经济学,但使用的还是新古典经济学的均衡分析框架,"新瓶装旧酒",他无非用"充分就业"代替了新古典经济学的"市场出清"。在继承新古典方法的凯恩斯主义的理论体系中,个体不是"行动人",是没有学习能力的,市场是干预者可以调节的机器,诚如拉赫曼所说,"凯恩斯并不懂得市场是人们交换知识的制度"[4]。

本套丛书侧重奥地利学派经济学的货币、资本、利息、商业周期、私有产权、市场组织与企业家才能等方面,对这些主题的研究是奥地利学派经济学的"拳头产品"。这些主题之所以重要,是因为如果我们想了解真实世界的经济运行,就不可避免地要从这些主题入手。换言之,我们无法逃避这些主题,它们是必不可少的理论工具。并且,相比其他经济学派而言,奥地利学派经济学在这些主题上所做的研究是最深入、最有说服力的。例如,奥地利学派的商业周期理论不仅有坚实的理论基础和缜密的

---

[1] 哈耶克.个人主义与经济秩序[M].邓正来,译.北京:生活·读书·新知三联书店,2003:132.

[2] 哈耶克.个人主义与经济秩序[M].邓正来,译.北京:生活·读书·新知三联书店,2003:131.

[3] 参见:赫苏斯·韦尔塔·德索托.社会主义:经济计算与企业家才能[M].朱海就,译.长春:吉林出版集团有限责任公司,2010:248.

[4] Lachmann, L. M., *Capital and Its Structure*. Sheed Andrews and McMEEL, Inc. 1978, p. 70.

逻辑,而且在现实中已经得到反复的验证,因此备受人们的推崇。对任何一位试图了解经济世界运行奥秘的人来说,本套丛书都是必读的佳作。

朱海就

2017 年 7 月 3 日于杭州

译者序

奥地利学派经济学起源于19世纪末的维也纳,一般来说,我们认为卡尔·门格尔在1871年出版的《国民经济学原理》标志着它的创立。不少人——也包括我自己在内——相信,奥地利学派经济学是最能解释真实世界的经济学。近年来,随着奥地利学派的复兴,它在中国也获得了大批的支持者,但诡异的是,他们中的许多人实际上只能称为自由市场的拥护者。他们支持或反对一些特定的经济政策。但是,奥地利学派经济学作为一门经济学,究竟在研究什么,许多人其实并不清楚。

本书由两部分内容组成。这两部分内容的篇幅分别在8万字左右——我们翻译的初衷就是希望能用一份易读的材料让更多人真正进入奥地利学派的大门。

本书的上半部分,托马斯·C. 泰勒教授的《奥地利学派经济学入门》(*An Introduction to Austrian Economics*),是米塞斯研究院(Mises Institute)的教学项目——米塞斯大学(Mises University)的推荐入门读物。它深入浅出地介绍了奥地利学派经济学的几大关键领域,如经济计算、主观价值论、商业周期理论等。2012年我在米塞斯大学的推荐下读到了这本书,至今仍觉得受益匪浅。

本书的下半部分,奥地利学派代表人物穆瑞·N. 罗斯巴德教授的《米塞斯思想精要》(*The Essential von Mises*),则集中介绍了这个学派的集大成者——路德维希·冯·米塞斯教授的生平和贡献。理解米塞斯这位奥地利学派的"院长",是理解奥地利学派的关键,正如哈耶克所说:"**如今活跃于世的'奥地利学派',几乎完全集中在美国,基本上就是米塞斯学**

派……"[1]读完这一部分,能让你更深入地了解奥地利学派的演变过程并认识到米塞斯在其中所起的重要作用。

我期待这两本书的结合——我们通常不会把不同作者的书合辑出版——能让初学者从不同的角度迅速掌握奥地利学派的精髓。如果真的能做到这一点,我们这几年的努力也就没有白费。

《奥地利学派经济学入门》的翻译工作分工如下:刘纽翻译了第二章,周媛媛翻译了第三章,陈青蓝翻译了第四章的前半部分,叶志鹏翻译了第五章,吴烽炜翻译了第七章,杨震翻译了第六章和第八章并负责全书的统校工作。《米塞斯思想精要》第二篇的大部分内容由李杨翻译。在此谨向他们表示感谢。未指出部分均由本人翻译。

熊　越

2024 年 4 月 1 日

---

[1] F. A. Hayek, "Introduction", *in Memoirs*, Ludwig von Mises (Auburn, Ala.: Mises Institute, 2009), p. xviii.

奥地利学派经济学入门

[美]托马斯·C. 泰勒（Thomas C. Taylor） 著

杨震 熊越 等译

杨震 校

关于作者

托马斯·C. 泰勒是威克·弗雷斯特大学卡洛威商业与会计学院(Calloway School of Business and Accountancy at Wake Forest University)许尔顿会计学教授(Hylton Professor of Accountancy)。他在位于查佩尔山(Chapel Hill)的北卡罗来纳大学(University of North Carolina)获得理学士和文学硕士,并在路易斯安那州立大学(Louisiana State University)获得了哲学博士学位。泰勒教授曾在西方电气公司、阿瑟·安德森公司和普赖斯·沃特豪斯从事各类会计工作,并在1980—1992年担任威克·弗雷斯特大学商学院院长。近年来,他一直从事会计学研究活动并在俄罗斯开展会计学讲座。泰勒博士是路德维希·冯·米塞斯学院的特约学者。他和妻子住在北卡罗来纳州的温斯顿-萨勒姆(Winston-Salem)。

目　录

第一章　引　论

与其他学科的历史一样，经济思想史展现了一种不同思想体系的杂糅，而这些思想体系曾经分属秉持各种观念的特定学派。这种对不同思想家的观念进行分类的方法关注的是特定群体的相似之处，却遮蔽了它们之间的差异。18 世纪后半叶声名鹊起的法国重农学派代表了第一个现代经济思想学派。随之而来的是古典经济思想、马克思主义和社会主义。19 世纪末叶，在西欧出现了两个相互冲突的经济思想流派：德国历史学派和奥地利学派。德国历史学派试图通过研究经济史来寻求经济真理。在 1883 年，他们的经验主义方法论成了早期奥地利学派的“靶子”。奥地利学派坚持经济知识源自理论分析而非历史研究。这场方法论论战（*Methodenstreit*），或者说对方法的争论，持续了二十余年。

这本专著以 1873 年到 1903 年间任维也纳大学政治经济学教授的卡尔·门格尔（Carl Menger）的观点为开端，试图阐释奥地利学派的核心观念。1871 年，门格尔在其《国民经济学原理》（德文书名为 *Grundsätze der Volkswirtschaftslehre*，英文译名为 *Principles of Economics*）一书中提出了一种价值理论，解决了长期困扰那些伟大的古典经济学家的问题。这种理论就是基于边际效用原理的主观价值论。[1] 它破除了一个古典概念,即事物的价值是一种内在于事物本身的客观衡量。现在,经济财货(goods,又译商品)是依据某一使用者期望从其增量的使用中所得到的满足而得到主观评价。本书稍后将更全面地讨论整个奥地利学派系统的基石——主观价值论。门格尔的两个伟大门徒弗里德里希·冯·维塞尔(Friedrich von Wieser)和欧根·冯·庞巴维克(Eugen von Böhm-Bawerk)继承了主观价值论,并且深化了这种观点,廓清了它在成本、资本和利息理论领域的全部分支。

维塞尔扩展了门格尔的归属问题(problem of imputation),解释了资源的价格或成本源自资源所生产出来的消费品的预期价格。这样便揭示了价值的形成乃是一个循环的过程,而门格尔理论所欠缺的成本概念也被补充进了主观价值论。维塞尔的“成本法则”或替代成本学说(doctrine of alternative costs)认为,生产一件产品的成本反映了其他制造商对生产所用资源的竞争出价。成本仅仅是为了将资源从其第二有利可图的用途上吸引过来而必须支付的报酬。

庞巴维克的伟大贡献是其资本和利息理论。他强调在经济过程中时间的重要性,并将资本定义为已生产出来的生产要素。庞巴维克的分析中的关键思想,是采用“迂回”(roundabout)的生产方式能提升人们的生产力。这种生产力的增长既体现在不考虑装备和工具时可生产财货数量的增加,也体现在仅考虑资本财货(capital goods,又译资本品)时的可生产财货上。采用非直接过程导致的等待时期为他对利息这一现象的解释提供了基础。他宣称,在其他条件相同的情况下,人们对现在财货的估值比对具有相似特点的未来财货要高。这个假设包含了为售价和成本之间的利润而辩护的基础。这个利润归属于提供中间产品或资本财货所需资金的资本家。他们的回报是其投资被使用的期间所支付的利息,而不是如马克思所声称的对工人的剥削。于是主观价值论得以扩展,从而包含了

---

[1] 在经济思想史上,如今已经将几乎在同时分别创立了主观价值论的荣誉归功于奥地利经济学家门格尔、英国经济学家威廉·斯坦利·杰文斯(William Stanley Jevons),还有法国经济学家列昂·瓦尔拉斯(Leon Walras)。参见 Mark Blaug, *Economic Theory in Retrospect*, Homewood: Richard D. Irwin, Inc., 1962, pp. 272-273.

时间偏好法则。虽然奥地利学派的资本理论在某种程度上被修正了,但庞巴维克对利息和迂回生产或称为非直接生产过程的实质解释仍然在今天的奥地利学派理论中占据着支配地位。

路德维希·冯·米塞斯(Ludwig von Mises)和弗里德里希·冯·哈耶克(Friedrich von Hayek)是现代奥地利学派理论家中的两大巨擘。米塞斯在20世纪20年代以其对社会主义计划经济的质疑而广受其他经济学家关注。他认为,由于缺少市场价格——在他看来这是为了合理配置资源所不可或缺的手段——计划经济在现代经济中完全不可能实现。米塞斯和哈耶克对奥地利学派理论形成一个整体做出了突出贡献。他们解释了不受控制的政府信用的扩张如何导致商业周期波动,从而为奥地利学派的框架增添了又一个重要的组成部分。哈耶克关注"社会中的知识"(knowledge in society)问题,以及对于协调相互作用的市场参与者行为的不可或缺的需求,从而为经济学研究提供了至关重要的洞见。本书将简要描述哈耶克、米塞斯,以及米塞斯的两位学生伊斯雷尔·柯兹纳(Israel Kirzner)和穆瑞·罗斯巴德(Murray Rothbard)的观点。后两位都对说明及阐述奥地利学派的分析做出了突出的贡献。

尽管奥地利学派不再以它对主观价值论的赞同而与其他学派相区别,但是在奥地利学派的经济分析方法中仍然有一些显著的固有特征使它区别于其他学派。其中一个特征是它严格的方法论立场。前面我们已经提到门格尔在1883年出版的一本书里发起的方法论论战。[1] 奥地利学派的经济分析主要植根于理论的、演绎的推理基础;经验主义在奥地利学派理论中只占次要的位置,因此,他们与德国历史学派展开了论战。奥地利学派认为,源自社会环境的经济现象太过复杂和易变,以至于不允许使用物理学家所用的实验分析方法。相应地,奥地利学派理论反对把数学作为经济分析工具的方法论立场。概念理解而非数量关系被视为经济科学唯一有意义的基础。奥地利学派之父门格尔把坚持并追随定性研究的取向贯穿于他的著作中,如同他的继承者们所做的那样。

奥地利学派理论第二个重要的特征是它的方法论个人主义。奥地利

---

〔1〕 现在已经被译成英文,书名为《经济学与政治学问题》(*Problems of Economics and Sociology*, Urbana: University of Illinois Press, 1963)。

学派坚信经济现象并非对某些社会力量或诸如“社会”这样的具体实体的表达；相反，它们是个人参与经济活动的行动的结果。因此，除非通过分析其基本元素，即个人的行动，否则总的经济过程就不能被人理解。

奥地利学派将人性及人类困境的现实作为分析材料。在包括感性知识(perceived knowledge)在内的有限的方法中，个人价值标准和人的行动被置于经济科学的中心位置。人类犯错的因素、未来的不确定性、不可避免的时间流逝必须得到应有的关注。这一分析方法穿透了发达市场经济表面上的复杂性，并通过考察本质性的市场因素提供了对经济过程的基本理解。一切围绕着经济、市场价格、商业盈亏、利率、通货膨胀以及经济衰退和萧条的神秘感都被驱散了。这些现象既不是无法解释的，也不是没有原因的，就如接下来的章节所要阐明的那样。

书如其名，本书呈现了奥地利学派基本理论的概貌。它的重点是自由市场或者说资本主义经济。为了对这里讨论的主题有更深入的理解，无疑不能忽视奥地利学派经济学家富有创造力的著作。参考原著是必需的，尤其是为了缜密地鉴别现在十分盛行的政府干预市场过程所造成的严重后果。本书在之后的每章末都提供了推荐阅读书目以加深读者的理解。

笔者希望本书能通俗易懂地介绍奥地利学派理论。(有人在使用“奥地利学派经济学”一词的时候可能会有些尴尬，因为担心这意味着它可能不同于简明可靠的经济学。)凯恩斯主义经济学的混乱，计量经济学的惑人造作，“专业”经济学家糟糕的预测记录，诸如完全竞争和完全垄断等不切实际的教科书模型，持续的通货膨胀和失业，以及经济利益普遍的政治化，已经造成了人们对所有经济理论确定无疑的不信任。然而，如果要进一步理解市场过程以及伴随其运行的干预的效果，就不能忽视奥地利学派的分析。本书可作为本科生水平或研究生水平的经济理论课程或经济思想史课程的一个有益补充。

第二章　社会协作与资源配置

原始经济中的实物计算

精打细算(economizing)的任务既适用于像鲁滨孙·克鲁索那般与世隔绝、自给自足的人,也适用于处在一个拥有广泛劳动分工和复杂贸易往来的社会中的人。鲁滨孙·克鲁索的任务是利用所有他能用到的手段,以期得到最大的满足。决定和选择的过程对于他的福利至关重要。类似地,在现代社会中,大量相互作用的个体试图充分利用一切可用的手段以满足需求。无论是像社会主义理论中所设想的那样,将选择和决策大部分交给一个中央计划委员会,还是或多或少地由在市场经济中活动的个人自由地做出此类选择,当中都存在这个经济问题。

鲁滨孙能够有效地管理数量有限的资源,并且只需制订相对不多的计划来控制其用途。由于选择范围相对较小,他无须对各种行动方式的可能后果做任何量化计算,就能够有效地做出决定。他评估和预期的能力大多依赖于他对各种生产替代方案(productive alternatives)的观察和直觉把握。对他来说,以实物产出来计算就已足够,因为他的资源不是高度多样的,每种资源对他来说都严重缺乏通用性。

鲁滨孙能获得所有生产中都需要的原始要素,包括自然资源的土地以及人力。然而,由于他在孤立处境中的生产能力有限,因此这些原始要素就无法转化为广泛的中间产品,比如机器和工具。他就只能使用最简陋的工具,因为他既无法获得(考虑到其处境)也无须使用代表现代经济特征的更加复杂和精密的机械。因此,即便假定能够获得诸如货币之类的东西以用于计算目的,他如何使用可用资源生产消费品的决策也仍然没有复杂到需要进行某种客观的损益计算。有效利用资源的方式或多或少是确定的。最具通用性的要素就是自己的劳动和智慧,他将这两者与自然资源相结合以生产他想要且能够生产出来的产品。

鲁滨孙的时间和精力都会用于生产基本的工具、猎取食物、建造居所、制作服装以及休息。鉴于他的特殊环境以及欲望,他无须编制和计算有关过去或预期中他如何成功地使用时间和精力以及其他生产要素的数据。他的精力和时间都有限,这使他无法发掘他所在岛屿的自然资源的全部潜力。他的决定将基于对每个行动的收益能力的主观计算。他的备选方案非常有限,以至于他在达成这些评价时,能够观察和预期到其实际行动的后果。并且,由于他只为满足自己而生产,因此在那些可生产的产品中选择生产哪一个对他而言也就不是问题。他自己的价值排序是唯一的决定因素。

一个自给自足的家庭也可以有效地管理其经济资源而无须任何形式的计算,特别是当这个家庭逐渐形成资源利用的习惯做法时。在这些相对原始的情况下,无论何种必需的成果计算,都可以用各种产出(有时就是指实物计算)来把握。由于没有交易关系,也就没有交易媒介,因此也没有适用于计算目的的通用标准。

发达经济中的实物计算

数百年后,为了解决稀缺性的问题,发展出了另一种方案来替代经济上的自给自足。这种替代方案就是社会协作(social cooperation),即我们所说的社会基础。事实上,所有人都选择了社会协作而不是自给自足。专业化和劳动分工导致生产力出现了巨大的提升,从而逐渐瓦解了自给自足的供给方式。尽管从社会协作中涌现了相对丰裕的产品和服务,但经济问题仍然存在:欲望总是超出手段或资源所能提供的满足。稀缺问题的持久性意味着,即使是在一个现代化的、高度发达的、生产力强大的社会里,我们仍须决定如何使用各种稀缺资源来满足社会成员更加急需得到满足的需求。

在发达社会,这些决策并不像在自给自足的原始经济状态下一样简单。我们无法轻易得知这些资源的潜在用途。由专业化和劳动分工导致的生产力的巨大增长大大提升了资源使用的灵活性。社会协作允许一大部分原始资源,如土地和劳动力,能够被直接用于生产所谓的生产者财货,或者说中间产品,它们最终将与追加的土地和劳动一起生产出消费品。在这里,自给自足经济与社会协作之间存在一个关键区别:在一个现代经济中,资源使用的错综复杂使得做决策远比鲁滨孙时期复杂得多。

经济决策复杂性的增加,部分是因为一个发达经济体所能提供的消费品和服务种类繁多。我们必须决定要生产何种财货以及生产的数量。替代方案的数量越多,决策就越困难。然而,关于目标的决策还不是唯一重要的决策。就如鲁滨孙那样,在一个社会中,人们还要决定如何将资源与目标联系起来。要怎样使用资源?这个问题之所以难以回答,是因为一个发达经济体中的经济资源是极为通用和多样的。劳动分工和专业化的有益影响所产生的效应,作为技术和生产技能进步的成果得以被广泛运用,这造就了它们的通用性。这些不可计数的变化使得原始生产要素转变为各种各样的人造资源,从而创造出难以计数的专用资源。

很明显,经由这样数不清的一系列步骤才能生产成品和提供服务,这一最经济或最有效的选择不可能仅仅依靠评估实物计算来做出。如果没有一个用于比较结果的基准,那么丰富的资源就不可能导致理性地分配和管理原始生产要素以产出更精制的生产资料。例如,铁可以用于制造火车头、农用拖拉机设备、纺纱机和织布机、建筑框架、石油钻采设备,以及成千上万其他产品。但如果大家还记得许多其他资源可以提供有效替代的话,那么问题就变复杂了。例如,铜、锡和铝可用于代替某些产品中的铁或钢。考虑到所有替代选项的范围,问题就扩展了。如果仅仅使用实物计算,资源使用的决策就会是一个非常混乱的问题。稀缺资源的分配将混乱不堪且极不精密。

一旦自给自足的束缚被解除并且假定为交换而生产,后者是成熟市场社会的象征,那么依据过去经验来进行精密计算的需要就出现了,并且这个需要也会通过导致广泛交易发生的因素来满足,这一因素就是货币——经济体的交易媒介。货币计算提供了一种不可或缺的手段,通过它,现代经济能够将海量的、不同的实物资源和产出以共同尺度来衡量。正是这一普遍货币尺度为投入-产出计算和对于配置稀缺资源而言至关重要的资本-收入计算提供了基础。由于手段的稀缺性要求仔细比较成本与效益以及生产过程中的投入与产出,因此这一计算必不可少。

人们普遍认为,在现代经济中,实物计算不能当作配置资源的适当基础。只要简要看看社会主义的某些主要倡导者如何认识到实物计算的不足,就能发现,即使是市场经济最狂热的反对者,现在也认识到需要一个帮助理性配置资源的共同尺度。

1920 年,路德维希·冯·米塞斯对传统的社会主义计划经济理论发起挑战,他指出由于实物计算的缺陷,社会主义计划经济在一个发达经济体中是不可行的。[1] 他指责社会主义计划经济理论家忽视了在现代经济中如何进行资源配置的关键任务。他们迷醉于社会规律的不可避免性,并因此认为它天然地可行,从而无视这一问题。没有一个知名的社会主义计划经济代言者曾花精力去解释如何才能做出理性使用稀缺资源的决策。现在,他们不得不面对这个问题。对不可阻挡的历史规律的信念在科学讨论和探究面前是不算数的。社会主义计划经济思想家面临的挑战是从理论上来解决如何计算的问题。

主要的社会主义计划经济理论家随后同意,在这方面他们的理论需要再做探讨。然后,他们开始解释,他们认为在缺乏通过竞争形成的市场价格时,中央计划当局将会如何管理配置过程。这一解释相当于承认计划当局需要使用某种共同尺度来计算各种可相互替代的经济行为的效果

---

〔1〕 路德维希·冯·米塞斯:《社会主义国家中的经济计算》(*Economic Calculation in the Socialist Commonwealth*),英文版本刊载于《集体主义经济计划》,哈耶克(F. A. Hayek)编辑(London:G. Routledge & Sons, Ltd., 1935),第 87~130 页。

的方法。[1] 他们同意米塞斯是对的,他指出了他们此前的所有工作都无法应对这一难题。他们相信,在现代经济管理中,实物计算不顶用。他们的回复大多归结于一个论点,借助每一种特定财货的过剩和短缺的引导,中央计划当局能够通过试错来确定价格。而这些以经济交换媒介来表达的价格,将成为履行资源配置任务时的"指示灯"。短缺了就需要向上调整这些产品的价格,而过剩则是价格下调的信号。这种价格调整将导致适当的生产调整——价格上涨会增加供给,而价格下降则会减少供给——最终达成均衡价格,从而消除中间品和成品的各种短缺与过剩。通过中央物价和计划当局的货币引导,资源将得到理性的使用。现在,社会主义者的立场就是一个社会主义经济体并不是注定要实行实物计算,而且,多亏了米塞斯,他们才得以证明这一点。[2]

协调和知识的问题

自给自足生产与基于社会协作的生产的最重要区别就是,只有在后一种安排下,人们才能认识到专业化和劳动分工的极大好处。此外,自给自足的生产者只为自己的满足而生产,而相应来说,社会协作必然意味着为他人的满足而创造产品。在现代经济中,几乎每个人都将自己的技能和精力投入某一高度专业化的活动中,提供产品或者服务给他人使用。如果我们每个人突然被迫只为自己生产,便会陷入非常悲惨的境地。

由于对专业化和劳动分工的依赖使得高效配置资源的问题变得复杂,因此必须采取某种手段来整合或协调众多行动者的分散的计划和努力。劳动分工问题的基础就是哈耶克所说的"知识分工"问题,它是"经

---

〔1〕 Fred M. Taylor, The Guidance of Production in a Socialist State, *American Economic Review*, no. 1, March 1929, pp. 1-8. Oskar Lange, On the Economic Theory of Socialism, *Review of Economic Studies*, IV, nos. 1 and 2, October 1936, pp. 53-71, February 1937, pp. 123-142.

〔2〕 奥地利学派仍然最坚决地认为,在一个纯社会主义社会体中经济计算是不可能的。没有真实的市场价格,中央当局的法令在尝试模仿市场力量时将变得极度笨拙,且无法成功。参见路德维希·冯·米塞斯:《人的行动》(*Human Action: A Treatise on Economics*, Chicago: Henry Regnery Company, 1966),第698~715页。社会主义社会今天能够利用来自市场社会中的价格信息这一事实不应被忽视。社会主义中资源配置的决策无法在一个纯粹的、隔绝的环境下做出。

济学作为一门社会科学的真正核心问题”。哈耶克提出如下中心问题：

> 存在于不同心灵中的知识碎片的组合是如何联系起来从而才能产生效果的，而假如该效果是被有意地达成的，这就需要使指挥这一切的心灵掌握某种单个个体所无法拥有的知识。例如，在这个意义上，在我们定义的条件下，个体的自发行动总是导致资源分配，尽管从没有人对此做出计划，但它仍然就像是依据一个单一计划做出的。这在我看来确实回答了被隐喻为“社会心灵”的问题。〔1〕

我们不能低估知识问题的重要性。当然，一个劳动分工的体系包含着潜在的混乱与混沌。如果它要运行，就必须有一些手段与整个经济体中的个人决策和行动同步。例如，如果大多数人希望更多的木头用于建房而不是造纸，那么信号就必须有效地传播以诱导资源用途的转换；否则，稀缺的资源就不会以最为合意的方式被使用，它将被用于满足不那么急切的需要。

然而，常规的所谓完全竞争模型，由于其完备知识的假设，彻底回避了这个决策同步问题。该模型假设技术、品位等知识都是给定的，所有的个人计划都被想象为始终如一地啮合在一起。知识被描述成数据，就如物理科学中所用到的事实一样。但是这种知识观曲解了社会科学中知识的本质。人类决策和行动所依据的知识是非常不完善的，这仅仅是因为每个人头脑中的大部分“知识”都是由他对其他个人未来的决策和行动的推测所构成的。这些假设都是主观感受，不具有物理科学中的事实的确定性。

此外，由于一个人在得到了更多有关外部客观事实或他人的决策和行动的经验之后，往往会改变其决策和行动，因此认为所有的分立的计划和行动最终能连接起来并形成一个静态的长期均衡的想法，是完全不切实际的。由于完备知识的假设，这个模型因此无法关注“知识分工”问题。这个模型是一个有用的分析构想，有助于理论家去理解不存在意外变化的原子式经济过程的逻辑结果。但是，如果我们在研究真实世界的时候，

---

〔1〕 F. A. Hayek, *Economics and Knowledge*, *Individualism and Economic Order*, Chicago: University of Chicago Press, 1948, p. 54.

没有把不确定性的成分错误地排除,那就必须谨慎地使用这个概念。

因此,理性地配置资源的任务并非利用“给定的完备知识”以做出经济决策和行动这么简单的事情。所有活生生的知识都是以不可计数的、分散的碎片形式“给定”的,而非存在于单一的心灵中。每个人都拥有关于其所处的时间和地点的独特的环境信息,并因对其特定环境的独特了解而采取行动,他人则从该行动中受益。然而,因为这些特殊信息只与其特定状况有关,所以他可能会以与其他人的计划不相协调的方式来使用这些知识。社会协作就需要一些方法,使每个人拥有的与他人计划相关的那部分特殊知识能够尽可能广泛地传播。而在无情的变化中,该方法必须能让知识得到连续传播。正如哈耶克指出的:“……经济问题总是也只是产生于变化的后果之中。只要事情像以往一样继续,或者至少像他们期望的一样,那么就不会出现任何新的需要决策的问题,也没有必要形成一个新的计划。”〔1〕

协调问题不可避免地关联着以下事实:所有与经济行动相关的数据并不像专注于均衡条件的传统价格理论想让你相信的那样,是简单地**给定的**。市场力量,以及市场参与者,包括消费者、企业家生产者和资源所有者三者的决策的结果将持续影响市场的变化。应该好好审视的不是均衡的静态条件,而是不停地走向均衡运动的市场**过程**的动态性质。决策是在没有完备知识的情况下做出的,它意味着所依据的数据远不是被**给定**为所有人使用的,而是难以捕捉、稀少并且只能通过发现和感知来获取的。因此,市场过程本质上是一个连续试错的过程,部分参与者掌握的新知识导致了计划和行动的变化。

市场过程的驱动力量是生产者-企业家,他们从市场行为潜在的改进中看到了获得利润的机会。由于相互竞争的生产者-企业家们在市场中合力造成的改变和不停地寻找利润,市场过程才奔流不息。当其他市场参与者多少是被动的,并对利润相关机会不甚了解或者不感兴趣时,生产者-企业家们却在寻找和发掘盈利潜力。他们所发现的、他们的行动所依据的数据有可能错误,而随后犯下的错误会以货币亏损的形式呈现,这就

〔1〕 Hayek,“The Use of Knowledge in Society”,p. 82.

会导致市场的进一步改变。一旦引入“不完备知识”这一条件,价格理论和市场图景就会大大背离正统论述。在下一章,我们将更加深入地探讨企业家利润和亏损的作用。[1]

推荐阅读

Hayek, Friedrich A. , ed. *Collectivist Economic Planning*. Clifton: N. J. : Kelley, 1975.

Hayek, Friedrich A. , ed. *The Counter-Revolution of Science: Studies on the Abuse of Reason*, New York: Free Press, 1952.

Hayek, Friedrich A. , ed. *Individualism and Economic Order*, Chicago: The University of Chicago Press, 1948. Particularly the essays "Economics and Knowledge," "The Facts of the Social Sciences," and "The Use of Knowledge in Society."

Kirzner, Israel M. *Market Theory and the Price System*, New York: Van Nostrand, 1963, pp. 33-34.

Mises, Ludwig von. *Human Action: A Treatise on Economics*, 3rd rev. ed. Chicago: Henry Regnery Company, 1966, pp. 143-176 and 698-710.

---

[1] 对于市场过程及其必然结果,以及竞争性的企业家活动等更深入的分析,可参见:Israel M. Kirzner, *Competition and Entrepreneurship*, Chicago: University of Chicago Press, 1973。

第三章　经济计算

价格体系的作用

劳动和知识的专业化及分工已被证明是社会协作的本质。这一事实对于此项研究的目的有两个显著意义。首先,社会协作的结果是生产一系列中间产品和最终产品,而实物计算无法对稀缺资源进行有效分配,因此,一个普遍尺度不可或缺。其次,要协同分散决策和社会协作,就需要协调以不完备知识和信息为基础的个人计划。这两个要求通过市场经济的价格体系同时得到了满足。对价格体系的详细解说将在稍后谈到。现在,我们只要概括地讨论一下价格系统,就足以说明它所具有的经济计算和协调沟通的双重功能。事实上,正如即将看到的那样,两种功能其实是一码事,也就是说,它们涉及同一个问题——在社会协作的安排和市场价格体系下的资源配置问题。

经济计算与技术计算

经济计算并非一个技术问题。技术可以在一组特定的外部事物之间定量地建立因果关系，它可用于不同组合以产生特定结果。技术计算的实质是 $6a+4b+3c+\cdots+xn$，往往会导致结果 $8p$。然而，与用作其他目的的生产手段的替代性用途相比，技术无法告诉人们 $8p$ 这个结果是不是 a、b、c 等特定数量的资源最可取的用途。出于同样的原因，技术也无法告诉人们，当 $8p$ 也可以由其他的资源组合或组织方式生产出来时，这一生产 $8p$ 的特定组合是否更为可取。如下所述，米塞斯阐明了这个问题：

> 工程技艺可以决定在给定的地点如何建造一座跨过河流以承载一定重量的桥。但它无法回答，建造这样一座桥是否要从用以满足更迫切的需要的资源用途中抽取物质要素和劳动。它也根本没法回答是否真该建这座桥，建在哪里，这座桥应有怎样的负载能力，以及在建造的多种可能性中应该选择哪一种。[1]

马克斯·韦伯（Max Weber）在以下叙述中表达了相同的观点：

> 比较而言，为单一的技术目的而采用的各种可能的技术手段要付出什么样的成本，在最后的分析中，归根结底取决于这些手段作为实现其他目的的手段的潜在应用价值。[2]

技术计算只是一种实物计算。对人类的决策和行动而言，这些方法是不够的，因为它们完全算不上优质。象牙塔里的理论家们声称可以用铂金来建造一条优良的隧道，他们也许没错，但货币计算让这件事变成了一个经济问题，因此，只要铂金被认为具有比建造隧道更重要的用途，务实的工程师就会被迫放弃这样一项计划。技术对人类的评价来说是中性的，对于资源的各种客观用途的主观使用价值，技术完全插不上嘴。正如米塞斯所说："它忽略了经济问题——要在不存在有待满足的更迫切需要的情况下使用可用的手段，因为适合达到目的的手段被用于不够迫切的需要是一种浪费。"[3]

---

〔1〕 Ludwig von Mises, *Human Action*, Chicago: Henry Regnery Company, 1966, p. 208.

〔2〕 Max Weber, *The Theory of Social and Economic Organization*, New York: Oxford University Press, 1947, p. 162.

〔3〕 Mises, *Human Action*, p. 207.

价值的主观性

资源配置的任务是满足人们感到迫切的需要,因此,资源必须投向最重要的用途。但有个问题必定会冒出来:这些最重要的需要或用途是如何确定的?这样看来,要做出这些决策就必须采用一些测度事物价值的手段,但情况并非如此。根本没有一种叫作价值测度单位的东西,这意味着测度一件事物的价值是不可能的。价值是一种无法进行基数量化的主观现象。一件事物的价值存在于评价者的心里,而这种评估过程与测度并非一回事。由于评价始终是个人偏好的问题,因此序数就是唯一一种适合评价问题的数值处理方式。这就是主观价值论。直到 1871 年左右,门格尔、杰文斯和瓦尔拉斯才将主观价值论引入他们的分析之中,它才进入经济科学。在此之前,经济学家已经寻找过一切财货的价值根源,仿佛价值是每件财货内在固有的东西。

不但是不同的人往往对同一件事物的评价不同,而且同一个人在不同时刻对某件事物的评价也不同,这一事实也揭示了价值计量问题。在边际效用递减法则的作用下,人们对新增每单位的给定财货的评价总是小于之前一个单位的价值。如果价值可以量化并且可以测量,就会存在一个标准的、恒定的度量单位。不同的人在同一刻,以及同样的人在不同时刻,常常对同一物品有不同的评价。这个时候,对于同一物品而言,恒定的价值度量单位显然是不存在的。

评价必定体现在做出选择或表达偏好的过程中。一个人能说他认为 A 比 B 或 C 有价值,但他无法以量化方式判断自己对 A 的偏好比 B 或 C 多多少。他可以定性地表明,在 A 和 B 当中,他对 A 的偏好更加强烈,远远超过在 A 和 C 当中对 A 的偏好程度。在这种情况下,他会将自己的偏好由高到低排列为 A、C、B。但这个排序是严格意义上的序数而非基数。稀缺资源不能根据任何所谓的衡量价值的方法进行分配。决定特定增量资源的用途,只有通过把新增选择置于相同资源或不同资源的替代性新增用途之前来实现。由于资源是实现消费品的手段,因此资源是根据其最终产品的相对重要性来排序的。本书第四[1]章更详细地阐述了主观价值论。

借助货币价格实现经济计算

正是经过市场的定价过程,各种资源和消费品的**相对**重要性被转换成货币价格的一般形式。由于货币是一般交换媒介,因此它使人们能够进行经济计算。所有在市场上买卖的财货和服务都用大量的货币进行交换。这些货币价格并非价值量度。货币价格乃是交换比率,它们表达了市场交换的参与者在一个给定时刻对于增量财货的评价排序。由于人们的主观评价变幻无常,以及特定财货和服务的供应也在变化,因此货币价格受持续变化的影响。人类爱好变化的天性使他们对行事方式和获取满足的手段加以改进,这使得市场经济中不会出现永久稳定的价格。

其实,经济计算或货币计算为过往的或预期的资源利用方式而在投入与产出、代价与成效之间提供了比较。技术计算必然以实物计算为特色,而实物计算已被证明无法满足经济配置的任务。与财货和服务的特定数量相关联的货币价格决定了货币成本和货币收入,从而表明了特定资源配置的可欲性。

经济计算包括回顾性和预期性的货币计算。回顾性货币计算测定了过往行动带来的既有的货币利润或亏损,即收入,它服务于两个目的:(1)过去被认为预示着未来,在这个限度内,过去具有启发性的价值;(2)对货币收入的测定揭示了在当前收入被抽走后,未来的产能可以在何种程度上得以维持。后一种功能来自资本和收入的互补概念,即经济计算的最终心智工具,这将在下一节讨论。预期性货币计算或许深受资本和收入的回顾性计算影响,它是对预期的特定行动带来的货币利润或亏损的预料。需要注意的是,所有的经济计算都着眼于未来。由于所有行动都是为了引起一个有利的变化,因此所有行动均指向未来——不管是接下来的一个小时、一天、一年,或者是更长时间。在利用资源之路上的

[1] 原文误写成了第三章。——译者注

每一步都指向预期的方向。

资本和收益的概念

现代经济活动的实质是将资源投入到产出消费品和服务的生产过程中。企业家-生产者投入资金购买生产资料,并希望以此增加自己的货币财富。借助货币价格,生产者就能以数据形式确定为今后生产所使用的要素的经济意义。向生产活动投入的货币等价物的确定数额被称为**资本**,以保持此数额至少完好为目标就称为资本保全。米塞斯是如此定义资本的:

> 资本是一个确定的营业单位在确定的日期,用之于业务的全部资产金额减掉全部负债金额的金额。至于这些资产是什么,那是无关紧要的。它可能是几块土地、建筑物、设备、工具、任何种类和等级的财货、索赔权、应收账款、现金或其他什么。[1]

当生产工作导致净资产的货币金额超过投入的资本,那就可以说营业单位赚得了溢余收益。收益的概念与资本的概念具有相关性。把给定时期从一开始就投入到生意里的资金与同样时期里任何额外的投资相加,在不减少这个资本数额的情况下,可被消耗的那部分资金就称为收益。如果消耗仅限于收益的额度,那么资本就得到了维持。如果是另一种情况——消耗超出收益,资本就无法保全。这一差别涉及了资本消耗。当消耗少于可利用的收益,即储蓄了一部分或全部的收益时,就有了资本积累。如果企业没能赚取收益,反遭金钱上的损失,那就出现了资本消耗,除非生产者投入新的资金,否则资本就无法维持。与收益和消耗的效应相结合的额外投资有助于资本维持、资本积累,或减少资本消耗。正如米塞斯所言:"经济计算的主要任务是确定收益、储蓄和资本消耗的数量。"

虽然资本可以体现在产出的生产要素(通常被称为资本品)中,但是

---

〔1〕 Mises, *Human Action*, p. 262.

关于资本的理念指的却是一个只存在于个人头脑里的概念。人在心智上意识到了自己为生产目的而诉诸的手段的货币意义。这个概念是经济计算中的一个成分，为评价未来行动的结果以及通过资本维持来安排后续的消耗和生产步骤提供了依据。具体的资本货物最终注定要损耗，只有资本金的价值才能通过对消耗的恰当安排而不断地得到保留或维持。

要确定过去行动的结果便会涉及行动之前和行动之后的资本计算。比较这两种计算就能测定利润(收入)或亏损。在行动者将过去视作未来发展的指示器这个意义上，此类回顾性经济计算为未来行动的规划提供了一个出发点。这一点说明了前面讨论过的知识问题是如何部分地得到解决的。

除了致力于指导性的目标，测定过去行动导致的损益还提供了唯一的手段，以使一个或一群行动者得以确定营业单位的未来产能是否受到了损害。与其他人一样，生产者有兴趣满足自己个人的需求，对损益的计算揭示出他们在何种程度上能够享受消费支出，而又不会侵占在不亚于过去的水平上继续进行生产作业所必不可少的资本基数。这种计算表明，要抵消因无利可图的业务导致的资本耗散或要达到预期的资本积累，就需要额外的投资。最近的资本测定为计算后继时期的行动所导致的损益提供了一个比较点。因此，回顾性经济计算是重要的，只因这样做有利于规划未来的行动；如果没有这个用处，那它就只是僵死的历史而已。

每一个生产企业，均受预计由计划或行动产生的预期未来成本和收益影响。测定过去的收益和成本，也许对这些结果的预测大有助益。对大多数企业家-生产者而言，要追求并必须加以实现的只有这类行动：所允诺的货币性产出足以超过包括资本耗散在内的货币性投入。[1] 依靠基于对各种财货与服务的预期价格的预测性计算，资源被投入更有利可图的用途中。米塞斯清楚地阐述了货币计算最重要的意义：

> 在社会分工体系下，货币计算是行动的引路明星。对着手进行生产的人来说，货币计算相当于指南针。他进行计算，以区

[1] 对逐利行为的这一强调绝不是要阻止面对预期的货币亏损结果时采取行动。从行动者的角度来看，预期的非财产性收益可用于调整货币损失。终极价值始终是个人的和主观的。然而，在这种条件下货币计算仍然有其意义。

> 分有利可图与无利可图的生产线,以及得到主权消费者认可与不被认可的生产线。企业家行动的每一步都要进行货币计算的详细评审。对有计划的行动的预先策划,即在商业上对预期成本和预期收益的预先计算。以回溯的方式确定过去行动的结果也就是对损益的计算。[1]

在此须重申一点,经济计算或货币计算并非一个计量的过程。货币数字并不提供价值的标准单位。生产资源的无限可能性用途决定了:是选择或偏好而非价值计量,才是经济问题的本质特征。借助以往的和预期的市场价格,货币计算显示了偏好或替代性事业的相对重要性。

风险与不确定性

经济计算做不到精确,因为市场经济里的所有行动都笼罩在不确定的未来中。对于并无超人能力来知晓未来的企业家-生产者,预测的未来成本和收益不过是预期而已。这种不确定性依然影响着对损益的回顾性计算,因为最近时期的资本计算是脆弱地建立于未来无法维持的货币等价物之上。个体决策者无法准确地得知消费者未来的偏好、未来的技术变革、其他生产者今后的计划和行动,以及无数将在未来发生的其他外部事件。在建立保险精算表的过程中已完成了经验数据的收集,但这对市场经济中企业家行动的目的来说是不够的。精算科学的前提是要弄清楚相同性质事件的类别。每个类别都是由大量过往的类似事件构成的,这些事件须经统计分析,而统计分析表明了各种情况的百分比,在这些情况中一个给定的事件得以发生。但企业家的交易优势并不涉及同质性问题。就其他关心精算学所描述的事件的人而言,为了识别有害事件的可能成本,他才求助于保险。然而他的考量大多具有这样一种比较罕见的性质——将事件分组或分类以计算类别概率乃是不可能的。

弗兰克·奈特(Frank Knight)将风险与不确定性区别开来,从而发展了这一思想。[2] 风险受数值计算的影响,而数值计算则基于有关预期会

---

[1] Mises, *Human Action*, p. 229.

[2] Frank A. Knight, *Risk, Uncertainty and Profit*, New York: Augustus M. Kelly, 1964.

重现的大量类似事件的统计数据。这就是精算概率的性质。不确定性涉及特殊情况，每种情况本身就是个案，这与它成为一个类别或大量同质性事件或环境中的一份子形成了反差。过往经验与一系列纳入考虑的特定情况相关。由于缺乏与此处所说的特定情况相关的过往经验，因此不确定性无法用数值来计算。要使无数运营之中的企业能计算各自的成功概率，多样的分类就必不可少，而广泛的经验数据在这些分类中却无法被利用。〔1〕奈特对此是这样解释的：

> 意见或估计发生错误的可能性必然在根本上有别于两种类型（先天的和统计的）的概率或偶然性，因为绝不可能以任何方式建构具备足够同质性的成组事例以使对真实概率的量化测定成为可能。举例来说，商业决策涉及的情形一般而言对于任何类型的统计图表过于独特，以至于统计表没有任何指导价值。关于客观上可测量的概率或偶然性的概念，根本无法运用……〔2〕

不确定性是无法克服的障碍，这是每一个企业家-生产者在市场经济中面临的问题。企业家试图预知未来，这种尝试是一个不需要数学方程和公式的主观问题。商人与物理学家或工程师不同，与他打交道的对象的行为是无法预见的。生产者关注的对象是他人的需求和其他生产者的计划；而这些人将会有什么样的变化，是无从得知的。竞争中的一部分生产者搞出了意想不到的创新和实用发明，常常让不够进取的商家们垮台。消费者偏好和资源供应变幻无常，这是生产者持续面临的问题。不确定性来自他人行动的不可预测性。这正是米塞斯以下言论的中心思想：

> 在真实世界中，展开行动的人面临着一个事实，即别人和他一样，都是为了自己的利益行事。调整自己的行动以适应别人的行动之必要性，使他成为一个投机者，而成功和失败取决于他了解未来的能力是强还是弱。每一次行动都是投机。在人类活

---

〔1〕 所谓主观的概率，就是一种委婉说法，而且总是涉及用数字来表示有关某一确定的结果发生的可能性的**判断**。就其包含着可以被独立地加以计算的或科学性的事物而言，它的名称是一种对词语的令人遗憾的滥用。

〔2〕 Frank A. Knight, *Risk, Uncertainty and Profit*, pp. 226, 231.

动的过程中,不存在稳定,因此也不存在安全。[1]

这并不意味着,未来是很不确定的,以至于每次商业行动都是赌博,或者说每种情形都是如此不同寻常以至于有计划的行动皆是无本之木。经验提供了宝贵的行动指南。过去的价格是预测未来价格的出发点。不过,企业家-生产者的难题是,经验实在过于多样和复杂,以至于他们无法量化其他可替代行动的成功概率。在市场经济中,不存在固定的关系。生产者对过往经验的依赖必然有关判断并且是定性的。

脆弱的经济计算

所有的预期性经济计算都面向不确定的未来,因此这样的计算脆弱而模糊。因为没有企业家能够知悉未来,预期中的错误就在所难免,成功或利润也就属于那些犯错最少的、最接近正确的人。即使资本来自以往竞争和交易的结果并用于决定以往的利润,它也只是一个暂时的财富水平,因为面对不确定的未来,它无法保证永远持续下去。米塞斯这样描述了企业财务报表中的数据贫乏:

> 资产负债报表和盈亏报告主要是对非现金资产和负债进行评估。所有这些结余和报表实际上是中期结余和中期报表。它们着力描述一个任意选取的时间点上的形势状况,而与此同时,生命和行动一往无前、从不停歇……[2]

货币计算可能缺乏严谨性和确定性,但这并不表示它没按照生产者所认为的他人未来的需求-满足来完成指导未来行动的任务。存在不确定的计算并非经济计算体系的错。由于人类的行动面对的总是一个不确定的未来,因此这些错误就必然出现。在一个有着广泛劳动分工的社会组织里,生产者需要一种基于共同标准的计算手段。货币计算提供了这种手段,尽管它既不明确也不确切。按照货币计算,资源被投入资源所有者认为最有前景、利润最丰厚之处。只有在生产要素与货币价格相关联

---

〔1〕 Mises, *Human Action*, p. 113.

〔2〕 Mises, *Human Action*, p. 214

的市场经济中,才有可能进行货币计算。在物物交换的经济体或鲁滨孙的小岛上,不存在货币计算。甚至社会主义理论家也已承认,一个社会化的经济体中的生产性资源分配,需要通过中央当局制定货币价格来纠正供需矛盾。

货币计算的理性化效应

并非只有奥地利学派经济学家认识到经济计算的意义。马克斯·韦伯把西方资本主义技术发展中主导的理性化效应归因于货币计算工具或资本计算:

> ……这是个人主义的资本主义经济的基本特性之一:它的理性化是基于严格的计算,在深谋远虑和小心谨慎的引导下走向经济成功,这与农民勉强糊口的生存、行会工匠的特权传统主义、倾向于挖掘政治机会和非理性投机的冒险家的资本主义形成了鲜明的对比。[1]

凭借货币和货币计算的工具,多功能、多元化的资源能够得到合理分配从而满足迫切的需求。技术的进步依赖于这种手段提供的指引。如果没有在共同的条件下通过一个共同的交易媒介和与之相关的货币价格使得计算成为可能,劳动分工的巨大优势就无法实现。如米塞斯所言:"经济计算是理解所有被称为经济的难题的根本争端。"[2]

然而,经济计算并不是没有局限的。那些不能用来买卖的东西都不在货币计算的范畴之内。一个人对良好品性或对另一个人的贡献,也许不能以任何价格来衡量。在一个禁止奴役的社会里,人类的生命是没有货币价格的。某人可能拥有一些东西,由于它们的美或者感情上的因素,他对这些东西十分珍爱,不愿以任何价格出让它们。这些情况与货币价格不相干。但这些例外的存在并不妨碍货币价格有效地指导市场活动范围内大量产品和服务的使用。

---

〔1〕 Max Weber, *The Protestant Ethic and The Spirit of Capitalism*, New York: Charles Scribner's Sons, 1958, p. 76.

〔2〕 Mises, *Human Action*, p. 199.

依靠市场价格进行的协调沟通

除了对计算目的的共同特性的需要外，我们已经看到，对基于劳动和知识的专业化与分工的社会协作的另一个要求，就是寻求一种手段从而使众多的个人计划和行动得以协同并且成为一个兼容的体系。专业化行动之间的关系需要一个系统，这个系统能将与决策者的行动有关的变化通告给决策者。每一个分散的计划者都无法完全在他对其切身环境的认知基础上做出决策。他的决策需要与其他计划者相协调，从而使更大的经济体系能尽量顺利而有效地运作。货币价格这一媒介使得必不可少的信息交流可用来有效地协调个体计划者的行动。正如哈耶克指出的，每个特定的决策者无须知道与资源使用的变化情况相关的所有事实。对每一个人有意义的只是"他所生产或使用的替代品是否更为急需"〔1〕。这个经济问题始终关乎满足人类需求的特定事物的相对重要性。每个计划者通常无须得知他使用或生产的物品的相对重要性发生变化的原因。他需要的是，能表明其相对重要性之改变程度的指标。这些信息的关键目的是要知道，每位个体计划者按照他所关注的事物之相对重要性的变化而行动。在任何时刻，市场价格都反映了最近在边际上归因于市场上交换的产品和服务的相对重要性。因此，货币价格的变化反映了产品和服务之相对重要性的变化。

价格体系表现出的协调功能，可以通过假设某些资源突然短缺来说明。那些最终会解决短缺难题的人们无须了解短缺的原因。有人将资源置于最重要的用途，比如，把它用于生产有望得到最高回报率的一代产品，用价格击败打算将其用于生产不那么有利可图的产品的生产者。当这些人以这种方式使用资源时，这种资源的单位价格就会上升。短缺意味着，在短缺来临前能够供给的资源的边际用途，只要短缺持续，就无法提供。较高的价格成功削减了资源在其边际用途中的配置。哈耶克深刻地阐明了价格体系的作用：

---

〔1〕 F. A. Hayek, "The Use of Knowledge in Society," *Individualism and Economic Order*, Chicago: University of Chicago Press, 1948, p. 87.

> ……不可思议的是,在上述一种原材料短缺的情况下,没有命令发出,也没有多少人知道其原因,就使许许多多的人——他们的身份花几个月的时间也没法调查清楚——更节约地利用这种原料或其产品。也就是说,他们的方向是正确的……我相信,如果这是人类精心设计的结果,如果人们在价格变化的引导下懂得其决策意义远远超出其直接目的,那么这种机制早就会被誉为人类智慧的最伟大功绩之一了。但遗憾的是,它既不是人类设计的产物,受其引导的人们通常也不知道自己为何会如此行事。[1]

人们不知道短缺的起因,所以他们根据特定生产要素的供给减少这一事实来制订计划和采取行动。较高的价格不仅是要求调整数量的信号,而且能引导供给者寻觅增加可用的资源供给。这种搜寻有多成功,产品的价格就会降多少,从而表明这种财货正被用于不再那么有利可图的方面。消费者购买消费品和服务时,价格体系以同样的方式运作来引导他们的行动。价格体系作为给分散的决策者传递信息的一种手段,其有效性在哈耶克的描述中是这样的:

> ……这种体系最重要的特点是,其运转所需的知识很经济,或者说,参与这种体系的个人只需要掌握很少的信息便能采取正确的行动。最关键的信息只是以最简短的形式,通过某种符号来传递的,而且只传递给有关的人……这种通信系统能使单个生产者像工程师观察少数几根仪表指针那样……以便调整其活动从而适应变化——除了其在价格运动上的反映外,他们对此一无所知。[2]

我们不能不认识到,价格体系的有效运作会受到政治干预。因此,以前石油和汽油的问题根源在于当权者不允许市场体系开放运行。石油输出国组织(OPEC)和能源部制定的价格并非公开市场中的自由价格。对

---

〔1〕 F. A. Hayek,"The Use of Knowledge in Society," *Individualism and Economic Order*, Chicago:University of Chicago Press,1948,p. 87.

〔2〕 F. A. Hayek,"The Use of Knowledge in Society," *Individualism and Economic Order*, Chicago:University of Chicago Press,1948,p. 87.

石油供给和汽油产业链的扭曲并非开放市场决策的结果。价格管制将价格压低在某个水平,导致买家丧失兴趣——他们误以为自己的需求在此价位上能够得到满足。同样,价格管制也阻止了石油生产者充分勘探石油并向市场提供额外的石油供应。对价格体系的干预使得燃料“短缺”成为永久性的问题。

货币价格既满足了计算目的所需的一个通行标准的需要,也造成了分散人群的个人决策得以相互协调的过程。市场形成的价格具有精确的协调性,因为它是经济计算中一个主要的考量因素,构成了各种决策者行动的基础。既往的价格有助于预测不久的将来的价格。对经济活动中做出有利可图的改变的机会进行判断,才引发了影响未来最终价格形态的行为。借助价格上的这些变化,额外的信息才传递给其他的市场参与者。如今价格信号反映了新的决策,促使其他人按照符合新的市场数据的方式安排他们的事务,知识问题也随之得以进一步缓解。相互独立的决策趋向一致是建立一个交换媒介的自然结果,而此媒介也为每个人赋予了通行标准用于其经济计算。如果不存在通行标准,协调各种人的计划的需求也不会如此之大。对实物计算的依赖会大大制约专业化和劳动分工的发展。交换会被纯粹以货易货的关系所制约。在一个富有成效和广泛社会协作的体系里,对稀缺资源的合理分配是一种巨大的优势,这种优势来自市场经济及其对应物——货币计算。

推荐阅读

Knight, Frank A. *Risk, Uncertainty and Profit.* New York: Augustus M. Kelley, 1964.

Mises, Ludwig von. *Human Action: A Treatise on Economics*, 3rd rev. ed. Chicago: Henry Regnery and Company, 1966.

第四章　主观价值论

满足与评价

对市场经济中发生的所有经济行为的解释,最终是建立在主观价值论基础之上的。不同的消费品和服务的价值并非与做评估的个人无关,而客观和内在地存在于其自身。个人的评价是一件主观的事情,甚至他自己都无法对此做客观描述和度量。评价就是对某种东西的特定增量的偏好甚于对其替代品的增量;评价的结果即对特定数量的各种财货和服务的排序,人们关心这些财货和服务是为了做出决定和行动。理论借助假设的价值表概念来解释和理解人的评价行为的本质。对可选目标的排序是由人的预期满足来决定的,这些满足则是由在做出任何决定时人所面对的特定选择带来的。他一定会选择他认为会给他带来最大满足的选项。

评价的主观性源于满足的本质——满足是主观的,而且不能做量化的度量。一个东西带来的满足程度总是由个人来判断的。人们从不同的财货和服务中得到满足,也就是说,在能够令其获得满足的东西的种类方面,所有人都不一样。经验也显示,同一个人的偏好每时每刻都不一样。

他对可替代的选择的排序会在某一特定时刻全部打乱重来。他的价值天平会被选项的增加和减少所改变。

把评价这件事与个人联系起来,并不是说每个人只关心满足他自己的嗜好和需要。人们也可能从帮助别人中获得满足和宽慰。满足既能够通过实现利他的目的获得,也可以通过实现利己的目的获得,而且常常如此。但是,不论通过哪种方式获得满足,这一点都始终成立,即每一种选择都是源于正在进行选择的人本人的主观评价。他要设法解除的忧虑就在他自己的头脑中,不论这种忧虑是源于他自己正面临的问题,还是其他人所面临的问题。他的选择取决于他更愿意消除某一特定的忧虑,而不是解决另一个能够吸引他注意力的问题。

边际效用原理

评价的对象总是一定数量的某种物品或服务。选择和决策的对象并不是某种物品或服务的全部供应。这一边际取向在古典经济学家对所谓的价值悖论的探索中是没有的。他们不能解答这个有趣的问题:尽管每个人都清楚水比钻石更有用、更有价值,但为什么每单位钻石的价格比水的价格更贵? 只有借由边际效用递减原理,这个概念悖论才能得以解决。某一种物品在数量上每增加一个单位,这个增加的单位的物品就会在使用价值上次于之前那些单位的物品的重要性和紧迫性。

为确立边际效用原理,并不需要如通常所做的诉诸心理与生理的满足。人总是把一定数量的物品或服务用来满足最急迫的欲望和需求,这一规律是人的目的性行为所固有的。由于每个人都愿意得到更多的满足而不是更少的满足,再考虑到当时他对价值的评估,因此后来所得到的每一个单位的物品都会用于重要性越来越低的目标。

从边际效用递减原理推断出一条与一定数量的物品之任一单位的价值有关的重要定理:一定数量的某种物品的价值由其最不重要的用途的有用程度决定。这条定理用另一种方式表述就是,某种物品的若干个单位当中的任意一个单位的价值等于因丢失一个单位的这种物品而牺牲的满足。庞巴维克假想了一个拓荒农夫收获五袋粮食的情形来形象地描述这条定律。[1] 在计划这些粮食的用途时,他首先确定了自己必不可少的需求——在下一次收获粮食之前他需要的最小数量的粮食,为此,他留出一袋粮食。第二袋粮食让他获得足够的力气和完全的健康。第三袋粮食则能让他用来养些家禽,让他的三餐多些花样。第四袋粮食,他决定用来酿白兰地。最后的第五袋粮食,他用来养一群鹦鹉,"它们的滑稽搞怪能给他带来快乐"。

这个例子描述了边际效用递减原理的实际运用。农夫的粮食使用计划正是按照其用途的重要性从高到低来排序的。每袋粮食的价值都等于农夫期望从喂养和享受他的鹦鹉中得到的满足,而这种满足正是他首先会牺牲的,如果他不幸丢了一袋粮食的话。而由于他的那几袋粮食是同质的物品,因此他不需要牺牲那四种更重要的用途。他只需要选择最无关紧要的用途,然后判断最初的计划中哪一部分不应该受影响就行了。一个单位的物品的价值是由它的边际效用或者满足度决定的。

边际效用递减原理及其关于价值的补充定理解决了钻石价格与水的价格的差异所显示的价值悖论。稀缺性原理决定着某种财货在多大程度上被使用——这是理解这个问题的关键。与钻石相比,水资源相对丰富,这意味着相对于数量有限的钻石的用途来说,多出来的水能够用在更多不重要的用途上。没有人会面临在全部的水和全部的钻石之间进行选择的困境,因此就不存在所谓的悖论。价格与一定数量的财货有关,而不是与所有种类的各种不同的财货有关。

如果他想要的某种财货的量增加到囊括几个更小的单位,价值理论就不适用了。在这种情况下,这个变大的数量就成了边际单位,假如这个变大的数量能被分解成新增的各种用途的话,则其评价等于所导致的各种满足的总和。例如,如果农夫面临着要一下子放弃三袋粮食的情形,他对这些粮食的评价就不会是 3 倍于对保留他的鹦鹉所带来的满足的评价。他不是处在只对一袋粮食进行评价的情形。他会牺牲掉那几袋粮食的三种最不重要的用途,然后将剩下的两袋粮食用来满足他最基本的食品需求。那三袋粮食的"一个单位"的价值就等于用来养家禽、酿酒和养

---

〔1〕 Eugen von Bõhm-Bawerk, *Capital and Interest*, vol. 2, book3(South Holland:Libertarian Press, 1959), pp. 143-145.

鹦鹉所期望获得的满足的总值。这就是作为一个边际单位的三袋粮食所带来的边际满足。

使用的单位大小对价值理论的实践来说并不重要。这点可以从以下情形看出:如果一个人不得不对全部的水和全部的钻石进行价值排序,他将把前者排在第一位,后者排在第二位,这就证明了所谓的价值悖论是不存在的。同样,如果某种物品的供应量非常大,以至于已经有一部分无所用,那这种物品的边际价值就等于零;在这种情况下,对任何一个特定单位都不再有价值。这种物品就不再属于经济学的范畴,而被恰当地称为“免费”品。这种情况正如我们通常呼吸的空气(当然,空气污染可能导致在某种情况下,清洁的空气是要付费的而不是免费的)。

价值与交换

在现代经济中,生产的目的是让财货和服务被人们使用,而不是被生产者自己使用。这就是专业化和劳动分工的本质。在发达社会,以交换为目的的生产远远超过以直接使用为目的的生产。结果就是,财货和服务在对生产者可能具有的使用价值之上又增加了交换价值。由于以交换为目的的生产受到普遍重视,作为与绝大多数生产者有真正意义和关联的价值即产品的交换价值才浮现出来,而财货的使用价值则是对消费者来说有意义的价值。

看上去交换价值的概念有些脱离主观价值论,但实际上并非如此。一件财货的交换价值是源自其主观价值的,这种主观价值是由能够与之进行交换的一定数量的某种其他财货来界定的。无论它是与其他可消费的财货进行直接交换,还是用来交换一定数量的货币,都是如此。人们希望获得其他的财货,包括金钱,因为他们对那些获得物赋予了某种主观评价。一件财货作为交换手段的价值基础在于那件财货的拥有者放弃用那件财货来交换其他某件财货时期望获得的最大满足。最想得到的财货或服务(而且能够通过交换得到)的主观价值是对自己所拥有的财货赋予价值的依据。

因此,任何一件财货都包含使用价值和交换价值。这两种价值都反映了使用这件财货期望给人带来的满足:这件财货可以被直接使用,或者作为通过与别人进行一次性交换而得到其他某件财货的手段。支配决策和行动的评价总是这两种可供选择的满足中能够获得更大满足的那个。如果这件财货的使用价值超过了交换价值,这件财货就会被直接使用或者保留下来用于将来的直接使用,而它的交换价值将会被放弃。相反,假如它的交换价值超过使用价值,这件财货就会被用于交换或者保留下来用于将来某个时候的交换。

需要注意的是,这里的交换价值指的是财货的所有者对财货作为交换手段的主观评价。"交换价值"这个词通常的意思是某件财货通过交易所能够获得的货币价格。然而,在价值的主观性的语境下,这种客观的货币价值将得到主观估值,其方式与对通过交换获得的非货币财货的估值方式相同。

货币的使用

在绝大多数现代经济体系中,货币基本上是法币[1],它在用于消费目的意义上的使用价值实际上为零。但使用铸币,货币就会有相当大的使用价值。例如,金和银就能够熔化,用作珠宝、装饰品,以及用来镶牙。把货币变成其他用途产品的情形在现代经济中并不普遍,货币的价值始终在于它的可交换性。它的重要作用是,避免交易各方在交换中需要寻求同类产品的情况,就像在直接易货贸易中那样。[2]

一定量的货币可以通过三种方式立即使用。它可以用于为消费目的而获取财货或服务的必要支出,也可以用来购买那些用于制造新产品的生产过程的财货和服务。在这种情形下,这种支出是一种投资,目的是得到未来的消费,或者通过其后对产品的处置或消费来获得投资收益。甚至那些没有给财货本身带来物理上的变化的批发商和零售商,也通过把财货安排在更易被人获取和更方便的地方而对财货产生了影响。他们也

---

〔1〕 法币是指依靠政府法令发行的货币,它没有内在价值,不代表实质财货和货物的不兑现纸币。——译者注

〔2〕 在本书后文将解释在当今政府借由信用扩张贬值货币所导致的通货膨胀。

由此卷入了生产过程。而相对于消费目标而言，为获得库存财货而支出的货币也是用于生产的支出。

第三种用途是把货币充实到个人的现金储备当中，用作将来交换的支出。一个人在某个时刻持有一定数量的货币，表明他对货币的估值高于他能够用其换到的其他东西。而在某个时刻持有一定数量的货币并没有改变货币是因其可交换性而得到估值的事实。这只是表明，为未来的交换而做的准备比现在进行交换更具价值。从增加现金储备中所得到的满足常常表现为更大的安全感。这种评价源自一种信念，将来花掉这些积累起来的现金储备会在更大程度上满足自己的需求。正如 W. H. 赫特（W. H. Hutt）教授所解释的，货币资产能够用于获得服务或者满足感，而不像从亚里士多德时代以来在经济学研究所普遍认为的那样是不产生价值的和非生产性的。[1]

边际效用递减原理既适用于普通财货，也适用于货币。一定数量的货币会首先被用于满足最紧要的目标或需求。由于货币更容易分割，因此它比其他任何一种财货都能做更多的分割配置。货币的边际效用等于某个单位量的货币所投向的最次要的用途。正如在农民的五袋粮食的例子中那样，一个单位的货币带来的满足感源自减少一个单位的货币而失去的满足感。损失所造成的后果总是建立在一个单位的货币将投向的最次要的用途的基础之上。但这牺牲的是边际上的一个单位货币能够投向的最重要的用途。因此，一个人会按照其估值表或者偏好序列，把他的钱在消费支出、生产支出和储蓄之间进行分配。

市场经济中的使用价值与交换价值

在社会协作体系下的生产过程中，使用包括货币在内的财货时，一个重要特征就是，使用者不仅仅关心他自己的满意度或偏好。由于他致力于提供财货和服务以供他人消费，因此那些财货的交换价值就由生产过程完成之后使用那些财货和服务的人的偏好决定。生产者预计将挣到的

---

〔1〕 W. H. Hutt，"The Yield from Money Held"，in *On Freedom and Free Enterprise*，ed. Mary Sennholz（Princeton：Van Nostrand Co.，Inc. 1956），pp. 196-216.

钱作为对其生产活动的回报,最终取决于生产者对其他人的估值的洞察。

在一个确定的世界里,为所使用的财货和服务确定货币价格时不会遇到困难。然而,在现代市场经济中,只有在为数不多的获得保证的和订立了合同的销售中,某项生产活动所获得的货币回报才是相对确定的。甚至在这样为数不多的案例中,投入的资源也常常超过满足合约销售所要求的范围,也就是说,生产者要指望合同之外的销售。面对不确定的未来,不得不生产适合他人需求的产品,这一任务正是企业家能力的本质。

显然,在市场经济中,其特征是财货和服务的生产服从随之而来的以普遍交换中介为媒介的交换,使用价值和交换价值都是经济过程至关重要的部分。对财货和服务的最终使用者即消费者来说,消费所带来的满足才是价值或效用的源泉。对生产者来说,投入到生产中的财货和服务只有在获得金钱和交换价值时才具有意义,而这要通过产品的销售才能实现。但是在区分这两种价值时需要记住的关键点是,任何生产品的交换价值都与消费者给最终产品所赋予的使用价值不可分离。消费者所能支出的货币如何分配给不同的消费品和服务,在很大程度上受制于其主观偏好。正是这些预期的货币收入提供了基础以确定投入到生产中的财货和服务的交换价值。关于生产资料的价格如何由消费品价格决定,我们将在后文中解释。

主观评价的普遍性

主观评价是所有经济活动的基础。货币不是价值的量度;恰恰相反,货币是作为获得其他东西的手段被赋予了主观价值。任何主观评价都是不可计量的,而是仅仅通过特定的选择和行为表现出来。任何选择都是决策者偏好的显示,显示他在做决策时,对所做出的选择的偏好超过其他所有可替代的行为选择。这种偏好能够从他的行为中观察得出,但这并不意味着还有偏好之外的更多的东西。正如罗斯巴德曾经说过的:“我们在真实行为的基础上演绎出某种价值表的存在,我们并不知道真实行动所没有揭示的那部分价值量度。"[1]

我们不可能测量个人赋予其选择的满足的数量。每一次选择都意味着对其他期望可以带来满足的可能选择的放弃,任何一种选择的成本就是放弃了的排序最高的可替代选择。收益和成本最终也是主观的。每一次决策的基础都是假设其所带来的收益将会超过作为次优选择的行为所带来的好处,这就是每一次交换的背景。所谓的等价交换根本不存在。在交换的那个点上,买方和卖方都认为自己在这次交换中赚到了。在大规模专业化和劳动分工体系中,绝大多数财货的生产是以交换为目的的。专业化的生产者不会直接使用或者极少直接使用他们自己的产品。按照边际效用递减原理,对他们而言,一个单位数量的产品的边际效用实际上等于零。他们对能从他们的财货中得到的货币评价更高。另外,消费者或者买家对所获财货的估值高于他们为得到这些财货而付出的货币。只有当交易各方在交易过程中的主观评价不同时,交换才可能达成。

由于对主观价值缺乏思考,才不幸出现所谓"经济人"的概念,把每个市场经济的参与者描绘成在每一个时刻都无情地追求货币收入最大化的人。而这个概念是不真实的,因为实际上人们在每一个行动当中追求的是精神收益和主观收益的最大化。

有无数实例显示,由于认为"成本"比其价值更大,有人会放弃额外的货币财富。有些投资者拒绝投资一些回报丰厚的产业,因为他们觉得这些产业的产品令人反感。商家已认识到,消费者有时会考虑可购财货及其相关价格背后的因素。停车的方便性、店员的礼貌程度,以及"店家个性"现在都在促销讨论中得到重视。一些富有的企业家即使在年老时也继续投身工作,在许多情况下,毫无疑问是金钱之外的东西激励了他们。人们在决定职业或某项工作之时,常常考虑工资以外的因素。

举这些例子是为了表明,人们并不是古典意义上的"经济人",而金钱也不是评价的最终依据。即使是和与钱相关的事务打交道时,人们也不在金钱上斤斤计较每一步和每一个决定。他们最大化自己的主观感受而不是金钱,因为当认识到货币计算需要时间和精力时,货币计算必然被牺

---

[1] Murray N. Rothbard, *Man, Economy and State* (Princeton: Van Nostrand Co., Inc.), I, 224.

牲掉。庞巴维克论及了这一点：

> 如果有人每天做出每一个经济行为时，都坚持以最大的谨慎深思熟虑；如果他在收入还是支付、使用还是消费时，坚持从头到尾地将价值判断贯穿于处理最微不足道的财货的细节，这样的人会被计算和思虑牢牢占据，以至于不能说他的人生是他自己的。有一句正确的格言也是在经济生活中所观察到的情况，就是“与其得不偿失，宁肯马马虎虎”。在真正重要的事务里，做到真正准确；在适度重要的事务里，做到适度准确；在每日经济生活的无数琐事中，只用做最粗略的评价。[1]

然而，我们可以说，在其他条件相同的情况下，在一系列替代行动之中选择时，人们会力求最大化自己的资金状况。只要他不关心关于替代选项的非金钱因素，一个人就会选择承诺最大化其资金状况的替代方案。在货币经济里，凭借交换的普遍媒介，人们才可以获取最多的使他们满足的财货。通过最大化其资金状况，他们可以得到相比他们在钱更少时更多的财货和服务。这不应被错误地理解为所有个体最终都在寻求最大化金钱财富。在旨在帮助残疾人的募捐活动中，参与者的热心请求肯定不是贪婪的表现。货币只是实现许多欲求目的的手段。

只有在从与另一选择相关的非金钱因素处获得的满足大到不仅抵消与金钱相关的满足时，一个人才会接受并非最大化的财务状况。比起那些与投资和消费支出相关的决定，在与就业有关的决策中，非货币因素的作用可能更大些。投资者通常希望最大化其投资的财务回报，而消费者则普遍希望以尽可能低的价格购买财货。

因此，抛开收益和成本的主观性不论，涉及生产活动的现金流入和流出时，**货币收入**和**货币成本**都是有意义的参考。抛开对给定的生产者非货币因素的重要性不谈，只要他想继续购买某些财货和服务，他的财务状况和效果对他来说就很重要。这意味着，他必须给予货币成本和货币收入更多的关注，而不是草草略过。

然而，必须再次强调，这些货币计算并非在以任何方式衡量主观感受

---

〔1〕 Bohm-Bawerk, *Capital and Interest*, p. 202.

的价值。罗斯巴德曾强调谨慎使用“**价值**”一词的必要性：“非常重要的是要坚持区分这个词意指主观的评价和偏好时的用法，以及与此相对照的意指‘客观的’购买力或市场价格时的用法。”[1]

推荐阅读

Kirzner, Israel M. *Market Theory and the Price System*, pp. 45–62.

Menger, Carl. *Principles of Economics* (1871). Trans. Dingwall and B. Hoselitz. Glencoe, Ⅲ.: Free Press, 1950, pp. 114–174.

Mises, Ludwig von. *Human Action: A Treatise on Economics*, pp. 92–98, 119–142.

---

〔1〕 Rothbard, *Man, Economy and State*, p. 271. 米塞斯选择了区分使用“评价”一词时所具有的主观意义和“估价”一词所具有的“客观的”货币意义。Cf. *Human Action*, pp. 331–333. “价值”和“评价”这两个词在本章中都是在主观意义上使用的。

第五章　市场与市场价格

市场的本质

有一种流行的趋势认为市场经济的特征并不包含由个体选择和行动所引起的事件，这种理解显然失之偏颇。市场，作为个体间互动的意愿之结果而出现。市场中的每一个进步，都是寻求改善自身状况的个人的有目的行动的产物。

这种经济互动与合作的过程便是市场的本质；市场并不是一种类似于物理的机械状态，而是一个过程。个体通过达成市场交易活动以寻求改善自身境况，也就是说，提升其自身的主观满足感。市场中价格的形成过程并不是无法解释的，它们始终是那些由个体是否选择买、卖或放弃交易等行为所表达的主观评价的结果。米塞斯强调了所有市场活动中人的才能(quality)：

> 我们通常都隐喻式地认为，是一股无意识的和非人格的力量驱使着市场的内在“机制”。相信这一隐喻的人会不顾一个事实，即驱动市场和决定价格的唯一因素是人们的有目的性行为。市场中没有自动完成这一说，只有人类在有意识和深思熟

虑地紧盯着最终目的的选择；不存在神秘的机械力量；只有人类才意欲消除不舒适状态；也没有匿名者，这里有我、你、比尔、乔以及其他人，并且我们每个人都同时是生产者和消费者……市场也不存在任何非人或神秘之处。市场过程完全是一种“人的行动”的综合产物。每一个市场现象都能够确切地追溯至市场社会中成员们所做的一定的选择。[1]

价格的决定——消费品

需求侧

市场经济中所有生产性努力的根本目的都是使财货和服务能够持续不断地得到消费。而消费财货和服务的货币价格便在这些财货和服务的所有权从厂商转移到消费者的过程中不断产生。市场价格是指一件特定财货与交易媒介之间的交换比例或关系。尽管传统的供求理论对在出清市场财货时如何确定均衡价格的解释是合理的，但仍有必要考察其交叉曲线图形背后的真实含义。

每一个潜在消费者都按照首先满足其最急迫欲望的原则来分配他手中的货币。这意味着，对于任何他所考虑购买的特定财货而言，都在他的价值表中有一个排位。我们务必记得，他的价值表反映了他赋予所持有的货币的每一个可选用途的相对的主观重要性。每一次潜在购买行为都得与可选的潜在购买行为以及持有货币的可能性做比较。所以，任何额外 1 单位的某种给定消费品排序都会高于或者低于一定数量的货币。假设他对此财货的偏好甚于（比如）6 货币单位，他就会愿意花 6 货币单位来购买 1 单位的财货。与此相反，如果他偏好于保留 6 货币单位以备他用而非获得 1 单位的财货，那他就不会以 6 货币单位的价格购买这 1 单位的财货。

---

〔1〕 Mises, *Human Action*, pp. 258, 315.

假设他愿意为1单位的财货支付6货币单位。又假设,他的排序使得他愿意为第二个单位的财货支付1~4货币单位之间的任一价格,并且当价格为1货币单位时,他愿意购买第三个单位的财货。这意味着,当价格为4、5、6货币单位时,他将购买1单位的财货;当价格为2、3货币单位时,他将购买2单位的财货;而当价格降至1货币单位时,他愿意购买3单位的财货。

这样一来,便能够绘制出关于一个假想的个人在特定时间考虑购买任一特定财货的需求曲线。在每个可能的价格下,他或者购买一定数量的该财货,或者干脆不买。由于财货的边际效用递减,因此他只有在越来越低的价格下才会购买更多的财货。这也就是描绘出的需求曲线向右下方倾斜的原因。特定财货的总需求便是每个潜在消费者的个人需求的加总。尽管每个消费者的需求会有所不同,但描绘每个消费者需求的曲线都是向右下方倾斜的。所以,特定财货的总消费需求曲线也具有类似形状,即向右下方倾斜。

理解需求的关键是边际效用递减规律在消费者的购买决策中所发挥的持久作用。相比之前获得的1单位的财货,每一额外单位的特定财货只能带来更低程度的满足;并且,当财货的边际效用随着每增加1额外单位而持续下降时,手头的货币的边际效用却在上升。需求量的增加必然伴随着价格的下降。

供给侧

虽然在通常关于需求的讨论中已认识到消费者购买决策的主观性,但在分析价格的供给侧时却总是不能联系主观价值,尽管主观评价在生产者的销售决策中异常重要。

每个拥有一定财货库存的生产者都会按照与一个潜在消费者为自己的储蓄分等排序的同样方式来为其财货分等排序。他通常有三种可能的方式来为其财货分等排序:可以直接使用财货,可以立即销售以换取货币,或者持有财货留待日后销售。他会对这些不同的可能性赋予主观评价,并将不同单位的财货投入最重要的用途。基于这种配置方式,他将依据他的价值排序来销售每一单位的财货(记住,术语“单位”可以包括较小增量的任意数量)并换取相应数量的货币。对于给定每一个可能的财货单价,他将会出售一定量的财货或者干脆不出售;并且,他将不得不仔细权衡,他所放弃的东西相对于他所接受的价格而言价值更小还是更大。

对于专业化的生产者来说,财货用于直接使用的价值很可能几乎为零。如果他对用于将来销售的财货的评价较低,假设货币的边际效用随着数量的增加而缓慢递减,他就会以低廉的价格来售罄所有存货。总有某些价格对他来说低到某个程度,使他更愿意直接使用而不是间接销售。在没有任何补偿性的非货币因素的情况下,他毫无疑问将会以更高而非更低的单价销售。

当专业化的生产者不出清财货的做法价值很低时,其供给曲线差不多会是垂直的,这意味着在其供给曲线的相关范围内的任意一个可能价格下,他都会愿意出售个人所有的财货。另外,这条曲线向右上方倾斜,意味着当一些单位的财货售出后,就可选用途的价值而言,财货的边际效用将递增,交易中便需要更多的货币来补足额外单位的财货。因此卖方的供给曲线永远不会向左上方倾斜。

假设一个卖家拥有 8 单位的某种财货。如果 6 货币单位对他而言比每 1 单位的财货更有价值,那么考虑几种可供选择的用途后,他必定愿意以 6 货币单位的价格出售他的所有财货。但是,假如在 5 货币单位的价格下他仅愿意出售 6 单位的财货,剩下的 2 单位的财货对他来说就超过了 5 货币单位的价值。在 4 货币单位的价格下,他仅愿意出售 4 单位的财货;在 3 货币单位的价格下,他仅愿意出售 1 单位的财货。而当价格降为 1 单位或 2 单位的货币时,他将不会出售任何财货。

边际效用法则解释了这个生产者的行为。当他减少存货时,直接使用 1 单位财货的效用相对于当期售出而言逐渐上升。他会坚持要求更多数量的货币来交换额外的财货量。他的销售决策依赖于他的主观评价,这种方式类似于一个特定消费者依赖于其价值排序表所进行的购买决策。

某一财货的总供给曲线是所有个人供给曲线的加总,所以它上面的各部分线段都会是垂直的或者是向右上方倾斜的。

转向均衡价格的趋势

市场中日复一日的趋势都指向每种特定消费品的均衡价格的实现。通行的价格常常趋向一个供给量与需求量相等的价格,这一变动趋势证明了价格体系有能力协调从事不同活动的人的行动。对这种趋势所做的经典图形描绘,展示了当市场供给曲线与需求曲线相交时的均衡价格。任何高于或者低于均衡价格的价格都无法持续,因为这样的价格将会分别造成卖方或者买方的利益受损。如果市场价格过高而无法出清,卖方就会削减价格;如果价格过低以致无法激励卖方提供一个足够满足买方需求的数量,那么买方将推高市场价格。

租用耐用消费品的市场租金也是通过同样的价格过程来确定的。租金是为了获得某项服务所支付的价格,该服务是指在一段时间内使用别人的财产的权利。这样,通过租用财货就形成了需求方和提供可获得性服务的供给方。罗斯巴德曾这样阐述这种市场拓展:

> 由于任何财货被购买都是因为它可以提供服务,因此没有任何理由认为一件财货的服务在某一特定时期内不能被购买。只要技术可行,那么这种交易就完全可以实现。所以,拥有一块土地、一台缝纫机或一套房子的所有者会将其"租出去"一段时间以换取货币。尽管这样的租用会让财货的法律所有权保留在"地主"手中,但在那段时间内财货服务的实际所有者却是租客。〔1〕

在此有必要指出预期的未来租金价格(the expected rental prices in the future)与财货购买价格之间的关联。财货的市场价格往往趋于与预期未来租金的现值相等。如果预期未来租金的现值高于财货的价格,那么更多的人就想要拥有它而不是租用它。与此同时,当期的所有者将会惜售。对财货的这部分额外需求将会导致财货报价上升,达到预期未来租金的现值。相反,如果未来预期租金的现值低于财货的价格,那么,想要购买

---

〔1〕 Rothbard, *Man*, *Economy*, *and State*, I, p. 170.

财货的人就会减少,而所有者将倾向于出售而不是租赁。这种财货的过度供给又引起价格下跌,进而与未来预期租金的现值保持一致,因而这样的价格关系也是借由供需的力量在市场中达成的。价格常常会变动,预期未来租金也不单纯是当期租金价格的倍数。财货的市场价格与未来租金的关系是一种长期趋势。

然而,对于价格形成过程中究竟发生了什么的解释,并不能仅仅借由图形得到说明,还必须思考行动的个体遵从其独特的主观评价过程。如果相对均衡价格而言,价格过高或者过低,个体就会有意图地行动以改变这种情形。每一次交换都要求双方相互受益。正如米塞斯所言,市场过程并非机械式的或不涉及人的(inhuman)。

当我们认为市场过程倾向于为每个财货确立一个均衡价格时,并没有任何参照标准可用于物理上同质财货的定价过程。如果消费者认为某一特定供给者的财货在某些方面与其他供给者不同,那么出于经济分析的目的,这种财货就应该是不同的财货,即使它的某些可观察的物理特性与其他供给者的财货并没有什么两样。实际上,问题的关键在于消费者是如何看待那些呈现在他们面前的不同的财货。同样,处于远处的财货与处于近处的财货也是有所不同的。“相同的财货”意味着财货能给买者带来相同水平的服务。必须从远处运输过来的财货不算是完整的,其可用性也较低,这是因为运抵购物点之前的运输也是生产过程的一部分。

不同的市场价格会适用于同一类财货,但一个假想的、中立的和只关注财货的物理性能的观察者会认为这些财货是同质的,而这正是米塞斯在下述观点中所要表达的意思。他指出:

> 市场并不产生一般的土地价格或汽车价格,也不产生一般的工资率,而是产生某一块土地、某一辆汽车的价格,以及某一类工作的工资率。对价格形成过程而言,从任何一个角度出发,将交易的财货划分到什么类别没有任何区别。然而,从其他方面来看,它们就显现了区别,在交换中它们只是财货,也就是说,是按照它们消除不适感的功效而获得估值的东西。[1]

---

〔1〕 Mises:*Human Action*,p. 393.

在价格分析中应该强调,由于人们的主观评价和各种财货供给不断发生变动,因此朝向均衡价格的运动成为一种永远不可能停止的趋势。使已确立的价格永远得以保持的前提,是必须假设价值是客观的和不变的。然而,包括买方和卖方的个体都会不断地改变其评价、意图以及行动。行动的本质便是改变。人类的选择和行为的无尽变化扰乱了市场中达成均衡价格的趋势。因此,随着市场数据中发生的每一次改变,价格过程的运动趋势被转向另一个均衡价格。价格分析诉诸均衡价格这一心智工具来解释市场过程中持久的运动趋势。市场价格是在它们发生时才有的特定情况的结果。

在严格意义上,价格的易变性使得任何将价格当作现在价格或当前价格来参考的做法都不适当。正如米塞斯所说:"价格要么是过去的价格,要么是预期的未来价格。"[1]当所指价格为"当前"价格时,就是说近期的未来价格与最近过去的历史价格是相同的,譬如半小时前。由于市场价格通常不会时时刻刻被剧烈地调整,因此可将最近过去的价格当作预测未来价格的有用起点。但是,未来价格对每一个行动者来说才是最为重要的。过去价格并不能直接传达关于未来价格的任何确切**知识**(knowledge)。

过去成本的无关性

应当强调的是,这种分析适用于已经生产出来的财货,而这些财货进入了消费品的日常定价过程中。这就是为什么分析并不需要参照卖方生产的货币成本的原因。个体销售方的成本被认为与其主观的价值排序相关,也就是说,涉及他对财货在直接使用或未来销售这两个次优的替代性选项中的评价。一旦财货被生产出来,那么他的过去货币成本便与决定如何使用这些财货无关。正如瑟尔比(Thirlby)所说,"成本是暂时的。与一个特定决策相关的成本在做决策时失去了意义,因为决策取代了其他

---

[1] Mises, *Human Action*, p. 217.

可供选择的行为过程。"[1]杰文斯也表达了相同的真理,他认为,"在商业中,过去的永远是过去的,我们应该在每时每刻重新开始,着眼于未来效用的角度来评判事物的价值。产业从本质上来说是向前看而不是向后看"[2]。卖方的任务就是考虑其所拥有的特定财货存量以对其处境加以充分利用。

因此,认为价格由需求和货币成本共同决定的观点是不正确的。只有涉及生产问题时,货币成本才纳入卖方的决策之中。[3] 计划生产的问题我们在本章已有相应的讨论。一旦财货被生产出来,只有由买卖双方以货币形式所表述的与这些财货及其交换比率有关的主观评价才能有效地确定市场价格。

消费者评价的远见卓识

最终分析表明,在一个发达的市场经济里,消费者的主观评价才是决定消费品市场价格的主导因素。可以说,拥有一定量财货存量的任何特定卖方的主观评价,最终都与通过财货销售获得最大数额的货币收入有关。这并不是说货币在任何情况下都能衡量卖方的满足感,而仅仅是认识到了这样一个事实,即在考虑非货币因素的情形下,更多的货币而非更少的货币对他意味着更多。他对非货币因素的偏好本来就会在他生产给定财货的决策中得到权衡。而有了更多货币,他就可以获得更多能给他带来满足感的东西。

现在将卖方的评价对象减少到可以从消费者那里获得的货币,便是使其价值排序中的一种可能的财货用途变得不重要了:卖方自己直接使用财货而不是卖掉它们。为了证明使用价值对交换价值的从属性,我们

---

〔1〕 G. F. Thirlby,"The Subjective Theory of Value and Accounting 'Cost'," *Economica* (February 1946):34.

〔2〕 William Stanley Jevons, *The Theory of Political Economy*, 3rd ed. (London: McMillan & Co., 1888), p. 164.

〔3〕 布坎南(Buchanan)对"选择影响的"成本和"影响选择的"成本做出了有用的区分。在这个意义上,货币成本作为受选择影响的成本出现。See James M. Buchanan, *Cost and Choice* (Chicago: Markham Publishing Co., 1969), pp. 44, 45.

只需注意在发达市场经济中一个专业化生产者的困境：他所拥有的财货对其仅具有很小的使用价值。卖鞋子的并不想留存大量的鞋子用以自身消费。他的唯一追求便是尽可能以最高的价格最终将它们交换出去。他还会考虑现在卖掉鞋子的价格以及留待以后再卖的可能价格。

这些都是卖方进行主观评价时的考虑，并且他的时间偏好还将纳入未来价格的评价中。如果使用价值和未来交换的价值对他而言几乎没有价值，那就反映为一条垂直的供给曲线，市场价格将会与出清市场所需的价格相等。另外，如果预期未来价格很高且足以阻止当前在任何价格下出售所有财货，那就被描述为带有上升段的供给曲线，卖方对这些留待未来销售的财货的评价将不再依赖消费者的评价，而是预计这些将在未来的货币价格中得到反映。最后，当这些财货现在以更低的价格对外出售时，消费者对价格的支付意愿将成为唯一的决定性因素。交换价值显然来源于那些愿意交换以得到财货并愿意为此付钱者的评价。

推荐阅读

Mises, Ludwig von. *Human Action: A Treatise on Economics*, pp. 257-289 and pp. 327-397.

Rothbard, Murray N. *Man, Economy, and State: A Treatise on Economic Principles*. New York: Van Nostrand, 1962. pp. 160-272.

第六章　均匀轮转经济中的生产

现在我们必须解释,在市场经济中,稀缺资源是如何被配置到各种消费品的生产中的。正如将要揭示的,消费品的生产乃是一个复杂的过程,被称为资本品并发挥着关键作用的无数财货被生产出来以制造其他财货。生产需要创造出资本品,以用于进一步的生产,而最终财货则要满足消费者。可以观察到,在我们的经济中,经济活动决定性的主导形式乃是生产中间产品或资本品,而不是生产最终消费品,自然不会以直接消费品的形式给予人类丰裕的财货。除了空气(这个例外几乎随处适用),几乎不存在不施加生产性作用就具有较大效用的天然财货。问题并非是应不应该有生产,而是生产应该服务于什么目的,才能产出绝大部分所欲求的财货和服务。

均匀轮转经济中的资源定价

为使生产要素的所有者乐于向市场的生产过程献出资源,就必须有一些手段让他们能够分享生产的产出。他们的参与是通过价格系统实现的。特定单位的生产要素依靠供给和需求的力量与特定数量的货币相交换,消费品也以同样的方式被买卖。然而,在消费品和生产要素的定价之间有一个重要的差异:消费品作为目的物或获得满足的最终源泉直接得到消费者评估,但消费者并不评估用于生产最终财货的资源。必须清楚的是,稀缺资源的有效配置需要一个机制,由此,特定的用途才可以依据其可替代的结果的相对重要性而加以考量。假如具体的目的物或消费品的重要性逾于其他,那么通用性足以用于诸多目的的资源就得投入生产最重要的那些东西。对一定数量资源定价过程的解释会揭示这一目标是如何达成的。

假设一个没有技术、资源和趣味方面交换的经济,其中的生产和消费以相同步伐周而复始,这会有助于理解在永恒变化的真实世界中资源定价的本质。罗斯巴德[1]将这种经济称作均匀轮转经济(Evenly Rotating Economy),简称 ERE。在均匀轮转经济中,假定每一个生产者都处于拥有某些资源且在寻求另一些特定资源的处境中,他将会对一个给定单位的资源赋予其对最终产品所贡献的货币价值,因为他事先知道特定生产决策的货币后果。他不会面临由变动的经济条件所导致的不确定性。基于过去的结果将准确地预测未来的结果。

每一种资源的单价将等于其对产品价值的边际贡献的折现价值。(折现涉及一个反映时间偏好或利息的边际,下文将讨论这一情形。)这一价格将适用于资源的所有用途,直到资源的所有者对与其他用途有关的非货币因素漠不关心的水平。资源在一个用途中赚的不会比其他用途更多,因为资源的所有者本可以将其要素转移到更有利可图的用途上。这一转换可以驱使有吸引力用途中的要素价格下降,并促使那些被放弃的用途中的要素价格上涨。在所有用途中的同质要素的价格将变得相同。

这一均衡价格将等于资源的产品边际价值,并且在所有用途中都相同。生产者无法承受一种要素价格与其对产品价值的贡献之间的任何不一致。如果一种资源的定价低于其产品边际价值,生产者就会更多地在产出中使用该资源,从而使其单位价格上涨但又不超过其对生产价值的贡献。相反,假如一个单位的某种资源的定价高于其产品边际价值,那么生产者在这些用途中就会减少使用这种资源,直至价格不再高于要素对

[1] 作者的这句话有点奇怪,因为实际上罗斯巴德只是沿用了米塞斯的术语。——译者注

生产收益的贡献。耐用要素的价格则来自并等于一段时间内它所提供的特定服务的边际价值产品的总和。因此,在均匀轮转经济中,根据归属于所派生的服务的价值,耐用要素可以购买或租赁。

这样,在均匀轮转经济中,每一个产品(除利息因素以外)的价格都会等同于其互补性生产要素的产品边际价值的总和。对每一个生产者而言,货币总收益(包括利息在内)会等于全部货币成本。造就均匀轮转经济的调整将消除利润与亏损的所有情况。一个均匀轮转经济持久的稳定性和确定性会排除资源配置中的进一步调整和改变。每一个要素都会被配置到各种用途中,以使其边际产品贡献在每一种用途中都相同。依靠有关未来的完全知识,生产者在将产品价值赋予资源价值时不会犯错。此处具有极端重要性的是,其作用是从产品价格返回到要素价格而不是相反。手段是从其所影响的目标或结果而获得其意义的。这里存在着资源有效利用的关键。然而,要素成本决定产品价格的错误概念仍广为大家接受。

只有对产品价值的边际影响能够被孤立出来并可以确定的那些要素,才受到使资源价格等同于折现的产品边际价值的竞争力量支配。这意味着,最终定价需要有通用性的、相对非专用性的要素,当生产者在各类生产活动中寻求使用要素时,要素的多样用途会使竞争过程得以运行。一个价格出现在一种特定要素的市场上,乃是因为生产者在可替代的用途中争夺其使用权。如果产品是用极为专用的资源生产出来的,那么市场就会给每一组资源要素组合确定唯一的累积价格,而每一个价格都会体现普通财货的货币价值。在那些生产过程使用不超过一种专用资源的情况下,对具有绝对专用性的资源来说,价格是明确的。作为相互竞争的生产者争夺的结果,这些专用资源的价格等于最终产品价格与非专用性要素的价格总和的差额。

在与那些需要不止一种专用资源的过程有关的市场上,累积的剩余价格将占上风。在这一类情况下,付给每一种专用要素的总额,是经由专用要素的各个分立的所有者之间讨价还价的过程来确定的。只有在生产者展开竞争以争取将其用于替代性的生产链条,或者在每一个生产过程中只有一种专用资源从而可以将边际价值归因于特定要素的若干单位时,专用资源的价格才会出现。

必须认识到,站在生产者立场所给予生产要素的价值归属只能建立在增量或边际基础之上。在雇用或购买生产性服务时,生产者总是在考虑到额外要素的额外收益时才做出决策。这并不意味着,他要处理极微小数量的增量。例如,生产者的边际单位是 50 名额外的雇员或 4 台新机器,但他会按照其所处的特定情况和对服务的要求来思考,并考虑所预期的边际贡献。罗斯巴德卓有成效地处理了这一点:

> 因此,显然不可能将绝对的"生产力"归属于任何一种生产要素或要素的类别。在绝对意义上,试图将生产力归属于任何一种要素都是没有意义的,因为所有的要素都是生产必需品。在给定其他要素存在的条件下,只有在边际概念下,我们才能依据一种要素的某一单位的生产贡献来讨论生产力。这恰恰就是企业家们在市场上所做的事情——增加或减少要素投入以争取实现最有利可图的系列行动。[1]

正如农场主的五袋谷物将首先配置给最紧迫的用途,生产要素也是如此。额外增加一定单位的任何一种要素都会被用于某一特定的过程或整个经济当中,从而产品边际价值就会下降。产品边际价值的下降是作为报酬递减规律的结果而加剧的,这意味着,将任何一种可变要素用于一种固定要素,有形的边际生产力都会在一个特定的点上开始下降。这还意味着,给定一种特定要素的供给,该要素的每一单位量的价格都等于与最后一个供给的单位量有关的产品边际价值。由于农场主的每一袋谷物的价值都等于边际用途的价值——用于饲养宠物鹦鹉,因此,在均匀轮转经济中,一种特定要素的每一个单位量都等于产品边际价值,也就是损失掉一个单位的要素所牺牲的货币价值。

资源的定价过程也适用于要素服务的数量,不管是在一个限定的规模下购买,还是在一个更大的规模下购买全部要素。在均匀轮转经济中,所有要素服务的数量都获得其产品边际价值,并且,一旦达到这一条件,就没有理由将其转投于其他用途。在每一种特定用途中,资源都会被使

---

〔1〕 Rothbard, *Man, Economy and State* Ⅱ, p. 520.

用到这样一种程度——其产品边际价值等于在市场上经过竞争所确定的价格。每一特定用途下的每一种要素的需求曲线都描述了其减少的产品边际价值,就如同消费品的需求曲线一样,它会向右下方倾斜。

在每一系列用途中的每一种生产要素的供给曲线都会是向右上方倾斜的,这反映了一个事实:在可替代的用途中,具备生产通用性的资源数量,会被以更低的价格从某一种给定的用途转投到其他用途,并且会以更高的价格从其他可替代的用途转投到某一种给定的用途。由于劳动力资源本质上具有相对更高的非专用性和弹性,因此劳动要素的供给曲线可能比土地和资本品要素的供给曲线更平缓。

资源供给、企业家行为与主观评价

在有关要素供给曲线的讨论中,主观价值遭到了忽视。要素服务的所有者们会主观地决定在每一个可能的单价上,将多少不同数量的服务提供给生产者以用于要素的每一种特定用途。他们会主观地衡量将不同数量的服务投入生产时,会产生的货币和非货币后果。例如,劳动者将考虑闲暇的价值以及其他诸如劳动条件之类的非货币因素,以做出就业的决策。相比工作条件明显不受欢迎的工作,对非货币特点有显著偏好的工作会吸引更多工人。总体上不受待见的工作会支付比必需水平更高的工资率或价格;相反,总体上招人喜欢的工作则会给雇员支付相比必需水平更低的工资。

这些结果符合每一种特定用途下产品边际价值的递减法则。被使用的要素数量增加就会导致产品边际价值减少;被使用的要素数量减少则会导致产品边际价值增加。每一种要素在每一个特定用途中的市场供给曲线显示了个人供给曲线的加总。市场需求曲线与市场供给曲线的交点则会显示每一要素在每个特定用途上如何确定均衡价格,这一价格代表着那一特定用途上一种要素的边际价值产品。在均匀轮转经济中,生产性资源持久、普遍的价格结构必定如此。

如同其他市场参与者,生产者在购买或租用生产要素时,总是从其自身的主观价值判断出发。[1] 他决心投入特定数量的货币或承担从别人那里获得的货币投资，而别人也同样从个人评价出发来展开行动。这反映了他的决策，与追求实现他的商业计划相比，采取其他替代性行动只会给他带来更少的满足。他对预期的“货币成本”及其他形式的代价的主观评估，也就被放弃的替代性满足，或者用布坎南的话说，他的“选择影响”成本会低于预期将通过有选择的行动所实现的主观价值。

均匀轮转经济中的资源配置效率

在一个发达经济中，每一种消费品自初始生产到其完成的期间都特别漫长。为获得所需要并能消费的财货，人们最终会诉诸仅有的两类生产资源——人类自身和大自然。因为，要么是来自大自然的财货并不纯然可为人所用，要么是自然资源按其自然状态总是无法使用，所以人类要在自然过程中加入自己的努力。这一生产性努力组合使自然的馈赠转变为更能满足人类的财货。所有此类生产都必然发生在时间中，所以生产最基本和最根本的必要条件就是自然、人和时间。

人类将其努力与自然的馈赠组合起来，以直接或间接地用于生产消费性财货。若使用直接的办法，人就把他的力量用于自然资源以获得直接满足，就像从溪中挹水而饮时一样。这受惠于庞巴维克所做的伟大贡献，其经济分析认为，没有时间的流逝就无法进行生产，这尤其与生产的间接方法有关。[2] 按照这第二种方法，首先生产出无法消费的中间财货用来辅助更进一步的生产努力。这些中间财货被称作生产资料或资本品，包括工具、设备、建筑以及其他已经生产出来的生产手段。一个间接方法的例子也就是庞巴维克所说的“迂回生产”，就是用木头挖制的桶从溪流中取水。木桶的使用减少了往返于溪流的次数，从而使取水变得更容易了。

---

〔1〕 考虑到在均匀轮转经济中假设的完全知识，将不存在企业家。这也解释了此处为何缺少之前几章所用的术语——“企业家-生产者”。然而，在上文中与主观价值有关的相同论点却不太适用于不确定的真实世界中的企业家-生产者。

〔2〕 Böhm-Bawerk, *Capital and Interest.*

迂回生产或间接生产的好处并非在于使已经以消费品形式存在的财货(例如水)更易获取,其更大的好处在于它能生产除此之外就无法得到的消费品。假如其生产不是由工具和设备的制造作为先导,所有的现代方便用品,诸如汽车、交通工具、冰箱、眼镜以及不计其数的其他事物都将不会存在。在一个发达经济中,这些资本品是为生产目的而购买的要素中的重要部分。在均匀轮转经济中,每一专用类型都会根据与其折现的产品边际价值相等的数量给每一单位定价。全部资本品的价格将等于其未来产品边际价值的资本总额。

时间偏好与利息

由于存在生产的时间消耗因素,因此,均匀轮转经济中支付给每一种要素的价格都是其产品边际价值的折现,而非其全部产品边际价值。时间偏好的原理意味着人们偏好眼前的财货更胜于未来的财货,这构成了未来产品边际价值折现为其当前价值的必要条件。将其一部分购买力积蓄起来并投资于生产性事业的人,因此放弃了将购买力用于获得消费品带来的满足。他们将当前的财货与未来的财货进行交换。当他们购买生产要素并预期将形成未来购买力也即未来财货时,他们便给这些资源的从前所有者提供了获得当前财货的手段。但是,由于他们偏好当前财货更甚于未来财货,因此在当前,未来财货便比当前财货价值低,并且正是这一较低的价值被归属于每一种生产要素的产品边际价值。这就是为什么在均匀轮转经济中,生产者能够挣得一份利息收入,即消费品的货币价值与在较早时点购入的生产性资源的货币价值之间的差别。

在对迂回生产过程的广泛运用非常突出的发达经济中,利息要素具有极大的重要性。这里隐藏着庞巴维克对马克思剥削理论的极好答复的关键。马克思坚信资本家-生产者给工人阶级的支付少于其产品价值,从而剥削了他们。马克思在提出剩余价值的产生时是正确的,却忽视了这与其说是剥削,不如说这一差值部分是一个自然而无可避免的现象,即利息的结果。

在均匀轮转经济中,在整个经济和每一个生产阶段中的利息率都一样,因为,假如一个特定产业或阶段的利息率高于其他产业或阶段,生产者就会转向更为有利可图的行当,作为竞争性力量的后果,差异就会消失。在生产者放弃的那些产业和阶段中,对生产资源的需求减少了,从而要素的价格也降低了。这又加大了产品边际价值与货币成本之间的差异,进而提升了这些行当中的利息率。另外,在那些吸引了额外投资的产业中,作为更高的资源价格和成品财货的更低的销售价格的后果,利息率降低了。

这一转移投资的过程会一直持续到每一个生产领域的利息率一致,此时均匀轮转经济就实现了。利息率越高,被导向消费品生产的生产努力就越多,可用于更为耗时的未来财货的生产的储蓄就越少。更低的利息率意味着未来财货对当前财货的更低折现率,并且伴随着更大量的储蓄以及采用更耗时的生产过程。

在利息理论的发展中发挥了至关重要作用的庞巴维克,甚至也犯了通常的错误,将利息要素归因于资本品的生产力。但是利息完全可以用时间偏好原理来加以解释,而不仅仅是来自资本品的使用。在未来财货变成当前产品之前有一段预期的时间,为此决定哪些边际价值产品应该被折现时,资本品的生产力也被纳入考虑范围。这不仅适用于资本品,而且适用于所有生产要素。米塞斯指出:

> 由于互补的生产要素对过程有贡献,因此它们被认为是有价值的;这解释了支付给它们的价格,并且在决定这些价格时完全得到了考量。没有什么剩余还没得到解释并且还能解释利息。[1]

利息并非像通常争论的那样是对资本品特定使用特征的回报。仅仅将利息与资本品联系起来的经典看法不再站得住脚,因为利息渗透在所有经济行为中,在这些行为中当前财货被用于交换未来财货。因此,利息产生于消费贷款和生产贷款。土地和劳动的利润和收益都源自未来,在支付给它们的价格当中,利息现象照样在起作用。事实上,如果不是因为时间偏好原理,土地地块的价格就无法确定。

---

〔1〕 Mises, *Human Action*, p. 530.

推荐阅读

Mises, Ludwig von. *Human Action: A Treatise on Economics*, pp. 244–256 and pp. 479–537.

Rothbard, Murry N. *Man, Economy, and State: A Treatise on Economic Principles*, pp. 273–433.

第七章　从均匀轮转经济到真实世界

在均匀轮转经济中，资源配置并非难题。关于未来偏好、资源及生产技术的知识，乃是一个静止不变世界的结果。拥有该知识的市场参与者能将资源用到他们最满意的领域，既无摩擦阻力，也无前后不一致的计划。各生产要素单位的定价等同于其折现的产品边际价值，因此投资者-生产者只能赚取利息回报。人们按照过去那种一成不变的方式重复利用要素，因为改变它们的具体用途将导致较低的产品边际价值；而这个较劣的结果可以被预见并避免。未来产品的已知货币价值代表着制造这些产品所用资源的货币价值。

然而，众所皆知，真实世界并非一个不变的、有完美预期的世界。对于明天，实际并无任何保证。个人趣味及价值表不会始终如一，可用资源的性质和数量也不会维持不变。生产配方和技术都在与时俱进。因此，在真实世界中，资源配置的任务不存在简单机械的解决方法。因为不确定性始终存在，没有行动者"了解"未来，每个人仅仅试图依据他自己对现在可能性的理解来预期未来。

然而，均匀轮转经济的概念对解释和理解变化着的真实世界是有用处的。市场在持续变化中不屈不挠地追求一般均衡。在一般均衡中，所有生产要素都被运用于最合宜的用途，一切利润及损失都无影无踪。换言之,真实市场的趋势总是向着均匀轮转经济运动。正是这种变动因素使得均匀轮转经济永远不会实现。由于市场条件及数据总在千变万化,因此计划及行动的改进和调整就必不可少。

均匀轮转经济的概念帮助人们想象一个趣味、资源及技术静止不动的世界。更重要的是,它让我们理解,由于对未来的不完全知识导致出错,因此市场不断地调整方向,进而引起市场参与者相应地调整计划和行为。例如,当生产者低估某一种物品的需求时,就会导致该物品价格上涨,而高价就会把更多的资源从较次要的用途吸引到该用途上。由于该物品的生产备受关注,就会导致其单位价格下降而其资源单位价格上升,因此从该物品的生产中获利的机会会逐渐消失。

这就是根据先前不可知的市场事实进行调整的过程。经由这一调整过程,市场一直努力达到均匀轮转经济的状态。难题是,由于随后的变化以及进一步调整的必要,这种追求不停地被打断和偏离。应该明了,想象之中的均匀轮转经济不应被奉为某种理想经济。它的目的仅仅是帮助理解真实市场经济的运作。罗斯巴德描述了真实世界与均匀轮转经济之间的差别:

> 动态真实世界的不同是这样的:这些未来价值或者事件处于未知之中,一切都必须由资本家估计和推测。他们必须预付现在的货币以投机未知的未来,期望未来产品能以有利可图的价格售出。因而,在真实世界中,判断的质量及预期的准确性对于资本家取得收益发挥着巨大的作用。企业家的套利活动导致趋势总是朝向均匀轮转经济。由于永恒变化的现实,以及价值表和资源的变动,均匀轮转经济从未实现过。[1]

这种市场情况变化不居的整体事态,就是不确定性概念的本质。不确定性早已与可计量的风险概念相区别。区别的关键在于,竞争市场中事件及因素的交互关系非常复杂,以致对于任何给定的企业家决策,精确计算其成功或失败的可能性都被阻止了。任一瞬间的市场情况总是相对独特的,不会等同于汇集起来的据称与同质的环境及事件相关的经验数

〔1〕 Rothbard, *Man, Economy and State*, p. 464.

据。相比典型精算预测,对消费者偏好、竞争者行为、技术变化以及资源可得性的精确预期要难得多。

精算预测涉及有着广泛历史,能被详细分类,且大致不随时间变化的情况下发生的事态。然而,商人无此幸运,他们无法在细分事件的大量重复性序列中经营。奈特认为,问题的根源是无法积累与特定种类的主体和事件相关的足够经验数据。哈耶克认为:"在社会科学中我们不得不处理……并非大量充足的类似事件组成的能确定其发生概率的现象。"〔1〕

这并不等于说,商人对将来的发展近乎无知。他们确实在对未来做出判断及预期。但要点在于预期是投机性的,而非如数学般精准。不是说关于未来就没有征兆,而是说对未来的发展不具有完全知识。奈特的表述切中肯綮:

> 我们居住的乃是一个变化着的世界,一个不确定的世界。我们只能依靠对将来所了解的来生存;然而生存的问题,或者至少说行为的问题,是从我们知之甚少这一事实中产生的。这一点不仅符合商业领域,而且符合其他行动领域。这种情况的本质在于人们的行动依据具有或多或少的理据及价值的理念,既非完全无知也不拥有完全信息,而是仅仅拥有片面的知识。〔2〕

企业家盈亏

古典意义上的利润理论通常将市场经济中的货币利润解释为既是对承担风险的奖励,又是资本赚取的自然收入(相对于土地的租金及劳力的工资)。这两种分析皆有误。在竞争性市场中,一切商业活动在不确定性的意义上都是冒险,但并非每一次商业冒险都有货币收益。一个失误频频的商人,不会仅仅因为他敢于冒险就自动得到利润的奖赏。利润不能被简单地称作对风险承担的奖赏。在古典理论中,利润是资本或资本品范畴的独特回报。这是一个空洞的解释,因为它无法证明,为什么是资本的利用产生剩余,而不是土地及劳动等其他要素的利用产生剩余。有时

---

〔1〕 F. A. Hayek, "Coping with Ignorance," *Imprimis* 4, No. 7(1978).

〔2〕 Knight, *Risk*, *Uncertainty and Profit*, p. 199.

该理论近似于利率的一般理论,但缺少时间偏好原则,它错误地将利率仅仅与资本品联系起来。正如前述,利率现象在任何情况下都涉及当前物品与将来物品的交换。

在均匀轮转经济中缺位的利润能被那些最准确预期消费者意愿的企业家-生产者获得。当生产要素的购入价格低于其产品的出售价格时,就产生了利润。在不确定性的世界,生产者免不了要判断对于生产要素单位有什么产品边际价值。能够在当前资源价格与将来产品价格中辨别差异的人,借着对这些机会的利用来获得超过货币成本的货币收入。在这类情况下可以说资源价格被低估了。消费品最终价格是由消费者对这些待沽物品的主观评价决定的。因此,企业家-生产者购买不同资源单位时的关键任务是,尽可能准确预期将来的消费者偏好。利用这些预期,他能赋予预期的产品边际价值可用的生产要素。

假如他人没有高估特定的要素单位,且企业家-生产者的预期显示合理、正确,结果就产生利润;相反,当他所需的资源价值高于其产品的货币价值时,结果就发生亏损。在这种情况下,可以说资源的价格相对于其投入的目的就定高了。既然将来不确定,在市场经济中就有企业家利润与亏损的空间。利润虽与风险承担相联系,但只有当预期被证实是准确的时方能产生利润。

利润理论也应该包含对亏损的推论性解释。决定商业成功的基本原理是那些负责运营商业者的预见和警觉。米塞斯以如下方式解释了货币利润的来源:

> 企业家利润与亏损的最终来源是未来供需情况的不确定性。
>
> 如果所有的企业家都能正确预料未来的市场情况,那就既没利润也没亏损。所有生产要素的价格,今天就已经完全调整为明天的产品价格。企业家在购买生产要素时,将会花费少于(恰好为当前财货与未来财货之间价格差额的补偿)购买者支付给其未来产品的金额。一个企业家只有在预料将来的情况比其他企业家更正确时,才能赚到利润。因而,他购买各种生产要素所支付的价格总额,包括对时间偏好的补偿在内,要少于他出

售产品时所支付的价格。[1]

我们要认识到，仅仅因为市场状况的持续变化，企业家利润与亏损的现象就会不断发生。前述均匀轮转经济的概念帮助我们理解了市场不停地朝其运动但永远无法达到的目标，这正是它所意味着的事情。倘若市场数据停止更新，所有互补资源的价格将会被最后确定，这样货币成本就等于货币收入，也就不会有任何东西保留给利润和亏损。由于企业家调整计划进入盈利的领域，远离亏损的领域，因此利润和亏损有一种趋于消失的内在趋势。在市场条件下，反复发生的变化和发现才阻止了利润及亏损永久并彻底地消失殆尽。

消费者评价与生产资源

前文已经阐明，消费者的主观评价是形成消费品价格的决定性因素。消费品价格及生产要素价格之间至关重要的联系已在描述均匀轮转经济的情形时得到揭示。在均匀轮转经济中，资源价格源于其制成品的货币价值。最终产品及服务的价格与中间产品及服务的价格之间的这一本质关联，在动态市场经济中仍然适用。正如在均匀轮转经济中，企业家根据他们预期的产品边际价值为真实市场中的资源单位出价一样。消费品价格不是简单地由产品的货币成本加总来确定的。消费者价值量表决定了已产出消费品的价格，正是这些消费品的预期价格为企业家提供了基础，为用于生产总的消费品所动用的稀缺资源单位出价。在均匀轮转经济中也有同样过程，只不过在真实世界中产品价值不会被确定无疑地归因于生产手段。

生产资源的价格是从其预期的产品价格中产生的，企业家-生产者对此不明了，乃是因为他把成本视作从外部决定的或单纯是既定的。如其所见，他的问题是将可用资源投入能有效产出多于这些成本的收入的生产用途之中。然而，如果考虑经济学家所持的更广阔视角，他就会意识到，由于不少要素可用于广泛多样的生产用途，因此资源的价格或成本乃

[1] Mises, *Human Action*, pp. 293-294.

是源于无数参与者的广泛出价。一切出价都基于各生产者所设想的预期产品边际价值。对于高度非专用性的生产要素,任何确定的生产者支付的单位价格都反映了该要素在替代用途中的预期产品边际价值,也就是无数不同企业出价的最终成果。单个企业家-生产者对“既定”价格的接受,实际上是为市场过程贡献了另一个出价。

高度专用要素的价格源自其产品的预期价值尤为明显。实际上,该类型的资源价格相对其产品价格变化的敏感程度,远高于高度通用性资源的价格相对其任何**特定**产品价格变化的敏感程度,因为后者的经济前景并不如前者那样依赖任何特定产品的经济表现。相比在一些用途中按照定义价值趋于零的专用性资源,通用性资源在替代用途之间的价值差异要小得多。仅需考虑香烟需求显著减少或增加时卷烟机所有者的窘迫处境,就能理解产品价格与专用性资源价格之间的关系。

销售产品的生产者即使把产品卖给其他厂商而非最终消费者,也逃脱不了消费者评价对其产品价格的影响。购进其产品的生产者,无论产品是在生产过程中继续使用,还是出售给其他厂商或最终消费者,都会从他能进而出售该财货或其产品的角度来看待该产品。无论资源变成最终消费品之前经历了多少个阶段,消费者评价的影响都普遍存在。在某个最后环节,直接面对消费者销售的生产者必须直接将消费者偏好的货币价值表达归属于所购买的资源及生产服务。正是第一线的生产者,在生产活动中将消费价格归属于资源价格,才使得这种归属关系渗透到生产过程的每一先前阶段。任何生产资料及服务的出售者,无论其贡献距离最终产品有多少个阶段或环节,只要吸收了其产品或服务的生产过程最终产出的消费品变得不受欢迎,他就不能在一个特定行业中长久生存。

生产资料及服务的出售者也许只会注意自己的顾客会支付的预期价格,而不会担忧顾客最终支付的价格。无法长久忽视的是,中间产品价格终究将反映最终产品的预期价格。生产过程越是进一步接近产品的完工,这个事实就越清楚。中间产品越接近完工,专用性就越强,它们与最终消费品之间的联系就越紧密。例如,钢铁比钢管的可转化性更强,钢管比钢制机件的可转化性更强。在现代经济中,复杂资本品的出现在条件不断变化的市场环境中导致了严重的可转化性难题。较落后时代的特征

是,更有弹性但更无生产效率的生产手段。对于市场经济的经济过程中消费者的主导性作用,米塞斯的解释如下:

> 消费者不仅决定消费财货的价格,而且决定一切生产要素的价格。他们决定市场经济内每个成员的收入……企业家竞争反映了在生产要素的形成过程中消费品的价格……因此,在关于非专用要素应该用于何种目的,以及专用生产要素应该用到什么程度方面,汇集到一起的消费者决策就会有效。〔1〕

当然,在不确定性条件下,尤其是在以现代市场经济为特征的极其漫长的生产过程中,依据预期的消费者偏好和产品价格定价时便有了充足的容错空间。如前所述,那些失误频频的人会遭到财务损失的惩罚,而那些预期正确的人则会赚得财务收益。对那些难以转变用途的资本品的所有者而言,市场条件的变化尤为严酷。假如对香烟的需求普遍下降,卷烟机所有者就很可能濒临破产。

在任何给定的时刻,资本品都仅仅依靠其未来的用处来获得估价。这一潜在的用处不仅是指技术上的有用性,而且包括该用途下预期产品的货币意义。因此,市场数据变化可能导致一种较新的机器变得过时且实际上一文不值。企业家不会站在过去曾经为此花费多少代价的立场来评价其生产要素组合。正如杰文斯所说:"在商业中,过去的就永远过去了……工业的本质是前瞻性的,而非回顾性的。"这就是"沉没成本"的本质含义。令人信服的是,米塞斯表达了相同的观点:"在过去为生产今天可用的资本品时所犯的错误,并不是买者的负担;它们的影响完全落在卖者的身上。在这个意义下,为将来的生产而花钱购买资本品的企业家把过去一笔勾销了。"〔2〕

可见,非专用性资源如生铁及劳动,可能被用来制造专用性机器,而其产品对于消费群体而言不再重要。这意味着,该机器的货币价值与通用性投入品的货币价值无关,投入品的用处已在转化过程中一笔勾销了。溯及过往,假设通用性资源单位被用于更必需的转换或许会更好。但在缺少未来完善知识的情况下,这样的失误便可能发生。

---

〔1〕 Mises, *Human Action*, p. 271.

〔2〕 Mises, *Human Action*, p. 505.

过去的结果

尽管一切行动都面向未来,但也不能忽视过去对生产的影响。市场条件的变化导致资本不可转化的事实,使得“放弃落后的财货,选择先进的财货”在经济上可行。一个人当然有理由说,以往将资源投入一种最终会变得落后的形式乃是经济上的浪费。所有者账簿上的资产项目会显示这一经济损失。然而,这种落后机器仍有可能用来与先进的机器竞争。是继续使用落后机器还是换用更先进的机器,取决于后者的表现。

这个决定取决于即刻起各替代项目的预期净收入。采用技术先进机器的额外成本可能过高,以致无法保证这种更换。落后机器既然已经存在,其原始成本便不再相关。另外,尚未对购入先进机器做出决定及支付货币,则先进机器的成本仍然相关。假如继续使用落后机器的预期净收入比替代用途(包括废弃)的预期净收入高,那么继续使用就是经济的。

假如不曾提供落后机器,情况也许更好——这种抱怨在眼下毫无意义。由于它们业已存在,因此任务便是对其加以最佳利用。这就是米塞斯所说的“历史与过去有发言权”表达的意思。[1]

过去的影响可以适用于不可转化的资本品所处的有利及不利位置的问题。市场条件的变化可能导致一家工厂的位置相比其他位置变得更不合意。尽管新位置更合乎需要,但迁移成本会阻止更换位置。

受束缚的市场与不受束缚的市场

本书中的经济学分析主要讨论对其成员的经济行为较少人为束缚的市场经济。如米塞斯所述,自由市场更倾向于引导资源,从而“使那些较迫切的欲望不致因为这些手段用于——浪费于——较不迫切的欲望满足而得不到满足”。本文已经强调了生产者及消费者的主观评价的重要性。自由市场识别每个个体的需求,无论他行使的是买者的职能还是卖者的

〔1〕 Ludwig von Mises, *Epistemological Problems of Economics* (Princeton: Van Nostrand Co., Inc., 1960), p. 220.

职能(实际上,每个有能力者在市场经济中同时发挥这两种作用)。

这里的关键在于,尽管消费者需求对市场上的待售物品及服务而言至关重要,但是在市场货币收益及追求其他好处之间做出抉择的最终决定权依然保留给了每一个人。雇主及投资者行为的依据既有货币因素,也有非货币因素。消费者主权并非不受限制。

然而,授予某些生产者而拒绝给予另一些生产者的人为束缚,在原本不受阻滞的市场上显然是被强加的。结果是,垄断权、专利及版权这样的限制以与其他资源获得经济重要性一样的方式作为经济要素出现在市场上。货币计算过程导致各要素与经济价值的关联程度与要素对于货币收益的预期贡献的影响有关,这意味着诸如可转让的经营许可、专利及版权等各项束缚性要素也有市场价格。因此,这些束缚性要素的定价与非人为制造的资源要素的定价差异不大。[1]

利润的社会作用

市场经济中企业家活动的目标是利用机会来获利:以比生产活动所创造的最终收益要低得多的成本投资于生产要素。那些能够实现目标的成功者会赚取货币利润。营利性商业活动的重要结果是将资源从较不合意的用途中抽离出来,转投到更能满足消费者愿望的用途。可以说,利润服务于一个极为重要的社会目的。在一个变化的世界中,总有改进行事方式的机会。改进所采取的形式,包括更令人满意的产品和服务,或者生产出当下受人喜好的产品和服务的更有效的生产方式。

只要行事方式不僵化,不禁止人们追求改良,就总有利润产生,并成为市场经济的必然组成部分。只有在想象中的静态均匀轮转经济中,一切资源利用方面的改进机会才会耗竭。显然,无论是偏好、资源还是技术的变化,都要求重新安排利用可得资源。

---

〔1〕 在经济学文献中已经广泛讨论过市场所形成的“垄断”限制反对政府干预的问题。市场参与者所偏好的有利可图的区位可以视为企业家警觉性和预期的产物,这点已经在柯兹纳(Kirzner)的《竞争与企业家精神》(*Competition and Entrepreneurship*)(芝加哥:芝加哥大学出版社,1973 年)一书中加以讨论。

产品价格与互补的生产要素的价格之间出现的落差就是向市场参与者发出下一步进行调整的信号。利润的落差将越来越多的资源吸引到那些特定的产业领域。这一扩张伴随着所用资源更高的单位价格,以及特定产品更低的单位价格。这些特定领域的价格落差随着时间的推移得以消除,这些产业的利润就会消失,直至发现或产生新的价格落差。

成功的企业家-生产者的卓识远见并不能使他永久受益,因为其他同行会以他为榜样,跟随他,压低他的利润。[1] 假如货币总成本与货币总收入的差别走向反面,结果就是财务亏损而非利润,此时就要在其他方向做出调整。相关的生产要素被重组并纳入其他用途,直至最初业务领域的亏损终结,利润预期得以重建。发生财务损失表明资源用到他处会更好,但它们却被用到了比一般市场价格所代表的替代用途要差的用途。

企业家这种对利润机会无止境的追寻,将稀缺资源引导到它们最合意的生产用途。依照这一方式,它们消除了资源价值与产品价值之间的落差,从而消除了市场的不连续性。要素与产品货币之间的价值差别同时揭露了业已存在的资源错配,促进了带来利润机会的正确行为。因此,关键在于认识到柯兹纳所说的:"企业家搜寻利润,意味着搜寻资源错配的状况。"[2]企业家的关键作用,进而也是利润的关键作用,在市场经济中是极其重要的。

> 事实上不可能从市场经济的图景中抹除企业家。不同的互补生产要素并不会自发地聚集起来。它们需要通过致力于特定目标的有目的的努力来加以结合,以及被提升其满足状况的强烈欲望所驱动。假如抹除了企业家,也就抹除了整个市场体系的驱动力。[3]

尽管在均匀轮转经济中,既没有企业家也没有企业家利润,但显然存

---

〔1〕 摆脱了与其他人竞争的单独一个企业家-生产者拥有对某种重要资源的完全所有权,乃是一种罕见且几无可能的情况。除此之外,这一说法乃是真实的。参见:*Kirzner*, *Competition and Entrepreneurship*. 一位所有者的完全所有权和在这一情况下所需的其他资源的不可替代性,这两者都是极其难以发生的事情。

〔2〕 Israel M. Kirzner, *Market Theory and the Price System*(Princeton: D. Van Nostrand Co., Inc., 1963), p. 303.

〔3〕 Mises, *Human Action*, pp. 248, 249.

在生产者投入当前货币以换取将来货币而产生的利息收入。在存在变化和利润的真实世界中,时间偏好法则同样发挥作用。从概念上说,这意味着市场经济中的利息现象明显存在。然而,由于不确定性因素存在,因此每一笔当前货币的投资都面临着失败及损失的可能。结果是,所谓利息率实际包含着时间及不确定性因素的结合,它们交织在一起给定一个单一利率。由于不确定性因素伴随投资的方方面面,因此,只能在概念上将其加以区分。不确定性在不同程度上的介入解释了不断变化的所谓利息率的结构。

对市场经济做出总览概括的奥地利经济学分析一开始就强调,在经由专业及劳动分工变得先进和发达的交换经济中,两个最基本的条件一定要得到满足:第一个是共同基础,用以计算利用替代资源的相对价值。对一个先进经济中稀缺资源的理性配置而言,实物计算是远远不够的。该条件要求通过某种媒介,使社会成员或消费者的偏好得到表达,并被生产资源的利用者识别。第二个是手段,用以协调分散独立的行动者的决定及行为。结论是,这两个条件通过使用交换的共同手段及其伴生物——货币价格而得到满足。经济计算,在市场价格体系的基础上得以预测,就成为有效利用资源不可或缺的手段。

可见,凭借企业家-生产者的经济计算,就会出现一个要素利用的理性过程。在过去市场价格及货币成果的引导下,借由不同资源及最终产品的预期市场价格和货币成果就形成了经济计算。市场条件发生的变化反映在确切的价格变化中,后者为实施不同的行为步骤提供信号,从而提高了资源利用的效率。缺少货币价格体系,缺少对足以比较的各种行为之预期结果的计算能力,就没有办法在具有先进经济特征的规模上理性地计划生产活动。

有效率的资源利用必定需要某些手段,从而在预期的可替代用途领域,能够尽可能地与每个预期的产品成果联系起来。虽然不充分也不精确,但货币计算还是提供了这一手段。尽管糟糕的判断会产生错误的计算并导致资源错配,但这些失误会借助溯及既往的计算所揭示的财务损失很快得到纠正。

需要强调的是,货币计算与价值度量无关。假如经济计算为不同用途及产品的相对重要性提供指引,资源配置的任务就能够完成。货币利润及损失表明了更合意的及更不合意的稀缺资源单位的运用。尽管前瞻式货币计算是首要的,但在指示及引导资本保全和资本消耗的决策方面,回溯式盈亏计算同样重要。资本与收入、利润与损失、收益与成本的概念,为市场经济中的资源配置提供了理性基础。配置过程因此是有意图的,而非任意为之。

推荐阅读

Kirzner, Israel M. *Competition and Entrepreneurship*. Chicago: University of Chicago Press, 1973.

Kirzner, Israel M. *Market Theory and the Price System*, pp. 297-309.

Mises, Ludwig von. *Human Action: A Treatise on Economics*, pp. 289-326.

Rothbard, Murray N. *Man, Economy, and State: A Treatise on Economic Principles*, pp. 463-559.

第八章　通货膨胀与商业周期

迄今为止，对市场体系的所有解释都基于一个假设：不存在通货膨胀问题，也不存在错误的商业模式，即以总萧条或总衰退为后继的间歇性总扩张。市场体系已经被揭示是凭借价格机制在运行，这诱导着市场参与者采取调适性和补充性的行动来应对不断变化的市场状况。这一体系中并不内在地具有什么东西能导致价格的总体上升或普遍上涨，也不能引发普遍的商业扩张，再继以商业总收缩。特定价格的变化，也即相对价格的变化到处存在，反映着评价活动和有效供给方面的变化。这些价格变化包括上涨和下跌，不存在能导致绝大多数价格最终上涨的任一种因素。有部分企业家-生产者投资不当而遭受货币损失也是其特征。导致普遍投资错误的因果和伴随而来的衰退或萧条也不存在。价格普遍发生上涨和商业行动普遍发生起伏才是我们当今世界的一部分，而这几乎无须提及。对我们来说，这里重要的是其中的原因。

“通货膨胀”这一术语的流行用法是指价格的普遍上涨，由于它聚焦于结果而非原因，因此误解了基本问题。正是美国财政部和中央银行系统的货币供应膨胀，使得市场价格结构发生了一场普遍的上行运动。印刷并发行额外的联邦储备券和创造新的活期存款，以及与部分准备金及美联储会员银行向美联储的拆借（贴现）并行的联邦债务的货币化，构成了货币供应膨胀的基本机制。这就是信用扩张的所有形式,即向系统注入额外货币。持续的总体价格上涨是连贯的信用扩张政策的当然后果。

如我们所知,利息率反映着当前财货的评价与未来财货的评价之间的比率。假如存在一个对当前财货的偏好超过对未来财货的偏好的变化,那么利息率就会相应地上扬,以反映未来财货更大的贴现率;相反,偏好更多未来财货的变化会导致利息率降低。市场利息率倾向于达到一个水平:使得储蓄者愿意将其投入到生产中的存款数量等于企业家-生产者意欲获取和用于生产目的的数量。

对存款的储蓄-投资意味着购买力被使用,从而一定数量的资源会被导入资本品的生产而非消费品的生产。如同我们所见,资本品的生产总体上延长了生产过程,也即迂回生产得到了扩展。然而,资本品的生产也会要求以追加与存量相同的工厂和装备的方式进行生产的横向扩张。务必要强调,市场利息率提供了信号来指示资本品的生产在多大程度上得以进行而不会挫伤对消费品的需求。因此,对市场利息率供给商业投资的有效储蓄是储蓄者有意从其他对消费品的潜在需求中抽取出来的。企业家-生产者则被允许使用这些储蓄,以便从其感觉和追求利润机遇的角度在生产过程中使用资源。可是这些生产决策并非不存在限制:

> 利息率在计划绸缪的商人的考量中所发挥的功能是显而易见的。这告诉他,从满足不远的未来时期需求的用途中抽取生产要素并将其投入满足更遥远的未来的需求时,他可以走多远。这还告诉他,在每一个具体情况下,何种生产周期才符合公众在当前财货与未来财货的评价比率中做出的区分。这阻止了他从事一些项目,而这些项目的实施与大众储蓄所提供的资本品的数量限制并不一致。[1]

信用的扩张,也即货币供应的增加,借助联邦政府和银行系统的联合行动,得以将利息率降低到一个没有这类增加货币供应的行动就会通行于市场的水平之下。在信用扩张的初期阶段,利息率事实上在下降。之后,当此类涉及整个市场价格的政策的后果变得明显时,价格溢价就被附

---

〔1〕 Mises, *Human Action*, p. 547.

加于利息率上，以保护储蓄者免受预期价格上涨的冲击。但是，请注意，这一价格溢价只是在价格影响已经发生**之后**才出现，所以作为对此类影响的反映，它必然落后于足以涵盖在持续通货膨胀影响下价格进一步上涨的东西。因为价格溢价，即使持续追加货币供应，利息率也倾向于上涨。然而，持续追加的大量货币抑制了利息率的上涨，从而使它"持续地滞后于其能够涵盖普通利息外加价格溢价的水平"[1]。

利息率抵及过去几年的一般水平的事实，并不会使人为地将利息率保持在低于足够涵盖折现率、企业家才能及通胀因素的水平的那个点变得没有价值。我们常常能听到这样的抱怨——在这些条件下的利息率实在太高，但这是一个错误的想法。我们刚刚看到，有两个因素倾向于将利息率保持在低于能为相关因素出现在市场上留出余地的充分水平：(1)对价格溢价的利用落后于通胀所导致的购买力变化；(2)被抛进市场的额外货币供应抑制了对利息率的影响。关于后者，我们必须意识到，企业家-生产者并不能区分人为创造的额外储蓄与源自真实储蓄的额外储蓄。

在信用扩张的早期阶段，利息率降低作为错误信号出现，指示企业家-生产者可用于商业投资目的的有效真实储蓄。那样他就会做出商业决策，就好像当前（消费）财货对未来（资本）财货的比率已经降低了似的，而事实上此类变化并未发生。可拓宽并延长生产结构的对资本品的额外投资，在商业扩张正在进行时也被刺激起来。资源被引入资本的生产中，在这个过程中此类资源的价格也随之被抬高。然而企业家-生产者所追随的信号，也即利息率，已经遭到信用扩张效应的扭曲。从全体公众的观点来看，最好是这种资源不会以这种方式被误导。对额外资本品的形成恰好有效的真实储蓄并没有增加。

在短暂的信用扩张状态下，繁荣仅仅是暂时的。对消费品的需求并没有降低，一旦信用扩张终结，生产过程曾经的扩大和延伸中的失当便会被揭露。因为从未经扭曲的消费品需求的角度来看，耗费更漫长的等待时间来完成和使用额外产能进行生产是不合宜的，所以已经投入的成本被视为错误。生产扩张不可能终止，而涉及被延长的生产链条中的大量

---

〔1〕 Mises, *Human Action*, p. 552.

关联协同的生产结构则被抛出了顺畅的运行秩序。生产的流动性和事后安排是必要的,以便修正不合意的和未能预见的错误投资的影响。真实的消费-储蓄率再一次能够决定短期和长期或更为迂回的生产方法之间的平衡。修正或调整的过程正是通常所说的衰退或萧条。

如果信用扩张的时期并不短,那么投资的错误程度就会复杂化,并且不可避免的最终修正过程会变本加厉。持续不断的额外信贷流程强化了如同在商业扩张期间受抑制的利息率所指示的那样维持更大储蓄的错觉。借由生产资料产业而涌入市场的额外购买力引发了消费品的需求和价格的上扬。在企业家-生产者面前出现了被持续的资本品扩张拉高的成本将要得到纠正的情况。他们的预期错误被稳定的追加信贷流所掩盖。额外的信用容纳了他们在面对上涨的成本时为了完成其冒险活动而对更多储蓄的需求。一旦信贷扩张终结,繁荣就必然消失。到时,修正过程也即衰退或萧条便出现了。

不去阻止信贷扩张的决策最终必定导致米塞斯所说的“崩溃式繁荣”,它以对真实价值的普遍回归和货币体系的崩溃为标志。在扩张的后几个阶段,由于市场参与者已经在预期价格将持久上涨,因此追加的货币供应必定加速积累。在某一个点上,货币交换体系必然会崩塌。因此,为了维持低息贷款政策以避免不这样做就不可避免的萧条,就必然招致更为严酷的宿命:货币系统和市场经济及其由专业化和分工所带来的巨大好处都将崩溃。

近年来的证据表明,信贷扩张不太可能如此铺展且不受阻挠,否则一场崩溃式繁荣就会发生。显然,如同政治事变所决定的那样,货币供应的间歇性扩张和收缩正是趋于普遍化的模式。这一间歇性的扩张和收缩驱动了“自我维持并持续地‘停停走走’”〔1〕的循环过程。这意味着,相对短期性扩张的修正与调整,痛苦会少些,因而更为人知和温和的术语——“衰退”代替了“萧条”。

重要的是要理解,借助增加货币供应来干预市场,并使得市场过程之

〔1〕 小杰拉尔德·P. 奥德里斯科尔(Gerald P. O’Driscoll Jr.):《作为协同问题的经济学》(*Economics as a Coordination Problem*. 堪萨斯城:Sheed Andrews and McMeel 出版公司),第114页。

协调不同市场参与者的自然倾向发生了偏转。通货膨胀的问题因而不仅仅是货币单位贬值的问题。与通货膨胀有关的问题乃是其在本质上削弱了市场过程,在最好的情况下导致了间歇性的混乱的周期性波动,以及在最坏的情况下造成了市场交换的灾难性中断,正如在高度工业化的社会中人们所见到的那样。

推荐阅读

Hayek, Friedrich A. *Monetary Theory and the Trade Cycle*. Clifton, N. J.: Kelley, 1975.

Mises, Ludwig von. *Human Action: A Treatise on Economics*, pp. 538-586.

O' Driscoll, Gerald P., Jr. *Economics as a Coordination Problem: The Contributions of Friedrich A. Hayek*. Kansas City: Sheed Andrews and McMeel, Inc., 1977.

米塞斯思想精要

［美］穆瑞·N. 罗斯巴德（Murray N. Rothbard）　著
熊越　李杨　译

直到今天，我还是没有失去勇气。我会尽到作为经济学家的职责。为了传达心中的真理，我永远不会感到疲劳。

——路德维希·冯·米塞斯

序　言

收录在这本专著里的两篇文章,是我的老师穆瑞 · N. 罗斯巴德(1926—1995 年)为他的老师路德维希 · 冯 · 米塞斯(1881—1973 年)所写的。第一篇写于米塞斯辞世后不久,是最受欢迎的米塞斯思想简介。第二篇写于 1988 年,内容更偏向传记,可视为约尔格 · 吉多 · 许尔斯曼(Jörg Guido Hülsmann)所著权威传记《米塞斯:自由主义的最后骑士》(*Mises:The Last Knight of Liberalism*)的原型。这两篇文章合在一起,精彩地向读者展现了米塞斯的思想、生平及其对我们这个时代的意义。

米塞斯研究所把这两篇文章分开出版已有多年,而把它们合在一起则最好不过。环顾整个 20 世纪,我们只能发现为数不多的知识英雄,而社会科学在这方面尤为匮乏。然而,考虑到他付出的代价,米塞斯脱颖而出了。他被驱逐出了自己的祖国,不得不为了赢得学生和在美国教学的机会而奋斗。然而,理念是不可阻挡的。今天我们看到米塞斯主义学派在前所未有地蓬勃发展。

这个版本在进一步传播米塞斯思想这个目的上做出了独特的贡献。读者应当感谢罗斯巴德使这一切成为可能,感谢他自己的科研工作和他对自己的老师饱含热情(甚至是虔诚)的感恩之心。

道格拉斯 · E. 弗伦茨
(Dauglas E. French)
2009 年 2 月 20 日

目　录

第一篇 | 米塞斯思想

在政治和意识形态的世界里，我们常常只有两个选项，然后被告知要在给定的框架内做出选择。在20世纪30年代，左派告诉我们，我们必须在社会主义和纳粹主义之间做出选择：这些是我们仅有的选项。现在，在当代美国经济学的世界里，我们只应在"自由市场"货币主义和凯恩斯主义之间做出选择；我们还应该在重视联邦政府应该扩张货币供应的精确数量还是联邦赤字的确切水平上做选择。

第三条道路几乎被人遗忘，这种方案超然于货币/财政上政府政策"组合"的无谓争论之外。几乎没有人考虑第三种选项：根除任何政府对货币的供应，或者是实际上对经济体系的任一部分或全部可能施加的影响或控制。这是被忽视的**真正**自由市场之路：孤军奋战、卓越超群并具有惊人创造力的经济学家路德维希·冯·米塞斯已经为这条路做好路标并为之奋斗终生。可以毫不夸张地说，如果这个世界想摆脱中央集权的不利影响，或者更确切地说，如果经济学界想重新向合理而正确的经济分析发展，那两者就都得舍弃当代的"泥沼"，走向路德维希·冯·米塞斯业已为我们建好的高地。

第一章　奥地利学派

路德维希·冯·米塞斯(1881—1973年)出生于1881年9月29日的伦贝格市(Lemberg,如今属乌克兰),当时那里是奥匈帝国的一部分。他的父亲阿瑟·埃德勒·冯·米塞斯生活在那里,他是一位就职于奥地利铁路部门的杰出建筑工程师。米塞斯在维也纳长大,在世纪之交进入维也纳大学,攻读法学与经济学研究生学位。1973年10月10日,他在纽约市逝世。

米塞斯在伟大的"奥地利学派"经济学热潮中出生和长大,要理解米塞斯及其对经济思想的重要贡献,绝不能离开他研究和专注的奥地利学派传统。

到了19世纪后叶,以大卫·李嘉图和约翰·斯图亚特·穆勒为代表的"古典经济学"在英国已经明显发展到了极限,一些根本性的缺陷使这座沙滩上的大厦轰然倒塌。古典经济学最关键的缺陷在于,它试图用"类"(classes)[1]而不是个体的行动来分析经济。结果,古典经济学家无法为决定商品和服务的价值和相对价格的根本力量找到正确的解释;他们也无法分析消费者的行动这一经济中于生产者活动而言的重要决定因

---

[1] classes在英文中既有"类"的意思,又有"阶级"的意思。在下文中,作者根据语境交替使用这两个意思,希望不会给读者造成困扰。——译者注

素。例如,通过考察商品的"类",古典经济学家永远无法解决"价值悖论"问题:事实上,面包极为有用,是"生命的支柱",但在市场上价值很低;而钻石是奢侈品,对人的生存而言几乎没有什么用处,却在市场上有着很高的价值。如果面包明显比钻石更有用,那为什么面包在市场上如此便宜?

由于根本无法解释这一悖论,因此古典经济学家遗憾地认定,价值在根本上是分割开来的:虽然面包的"使用价值"比钻石高,但出于某种原因,它的"交换价值"却比钻石低。正是根据这一分割,随后几代学者都在谴责市场经济,称其悲剧地把资源错误引导至"为利润而生产",而非更为有利的"为使用而生产"。

奥地利学派之前的古典经济学家未能分析消费者的行动,故而无法令人满意地解释是什么在决定市场价格。在探求一个解决方案时,他们遗憾地得出以下结论:(1)价值是商品内固有的某种东西;(2)价值是由生产过程赋予这些商品的;(3)价值的最终来源是生产"成本",甚至是这样的生产过程中耗费的劳动时间数量。

正是李嘉图的这种分析引发了马克思完全合乎逻辑的结论:因为所有价值都是劳动时间量的产物,那么,资本家和雇主所获取的全部利息和利润就必然是不公地从工人阶级的真实收入中榨取的"剩余价值"。

授人以柄之后,后来的李嘉图主义者试图回答说,资本设备是生产性的,因而理应在利润中获取相应的份额;但马克思主义者则反驳说,资本也是"具体化"或者"固化"的劳动,因此,工资应当囊括从生产中所得的全部收入。

古典经济学家对利润没有一个令人满意的解释或辩护。再一次,李嘉图主义者单单以"类"来处理生产收益的份额,故而只能看到在"工资""利润"和"地租"之间不断的"阶级斗争",工人、资本家和地主为了各自的份额无尽地斗争。李嘉图主义者只用重量来考虑问题,可悲地把"生产"问题与"分配"问题分开,而分配就是这些不断斗争的阶级间的冲突。他们不得不得出结论,如果工资上涨,就只能是以利润和地租降低为代价;反之亦然。李嘉图主义者再一次授马克思主义者以柄。

古典经济学家考察阶级而非个人,所以,他们不得不放弃对消费的任何分析，而且，对价值和价格的解释也误入歧途；他们甚至不能对单个生产要素——特定单位的劳动、土地或资本品——的定价做出解释。19 世纪中叶之后，李嘉图经济学的缺陷和谬误变得越来越刺眼。经济学本身已经走入“穷途末路”。

人类的发明史上常常会发生相隔千里、条件迥异的人，同时完全独立地做出相似发现的事情。英国的威廉・史丹利・杰文斯（William Stanley Jevons）、瑞士洛桑的莱昂・瓦尔拉斯（Léon Walras）和维也纳的卡尔・门格尔（Carl Menger）在同一年，即 1871 年，完全独立地以不同的形式提出了上述悖论的解决之道。在那一年，现代（或者说“新古典”）经济学诞生了。

杰文斯的解决方案及其新经济观点是零碎的且不完整的；此外，他不得不与李嘉图经济学在英格兰知识界所积累的巨大声望进行斗争。结果，杰文斯影响力甚微，追随者甚少。瓦尔拉斯的体系那时也没什么影响；不过，正如我们之后所见，它不幸复活了，构成了如今“微观经济学”种种谬误的基础。在这三位新古典经济学家的观点和解决方案中，维也纳大学经济学教授门格尔[1]的观点和方案是最为突出的。正是门格尔创建了“奥地利学派”。

门格尔的开创性著作在其才华横溢的门生、他在维也纳大学的继承者欧根・冯・庞巴维克（Eugen von Böhm-Bawerk）的伟大的系统性著作那里结出了硕果。庞巴维克的著作主要写于 19 世纪 80 年代，三卷本的《资

---

〔1〕 See Carl Menger's *Principles of Economics*, trans. James Dingwall and Bert F. Hoselitz (Glencoe, Ill.: The Free Press, 1950); reprinted 2007 (Auburn, Ala.: Ludwig von Mises Institute); original German edition, *Grundsätze der Volkswirtschaftslehre* (1871). And Menger's *Problems of Economics and Sociology*, trans. Francis J. Nock (Urbana: University of Illinois Press, 1963); original German edition, *Untersuchungen über die Methode der Socialwissenschaften und der Politischen Oekonomie insbesondere* (1883).

本与利息》(*Capital and Interest*)[1]是其巅峰之作。正是庞巴维克里程碑式的著作标志着奥地利学派经济学已经成熟。另外一些伟大、富有创造力的经济学家也在 19 世纪最后 20 年为奥地利学派经济学做出了贡献,尤其是庞巴维克的妹夫弗里德里希·冯·维塞尔(Friedrich von Wieser),在某种程度上还有美国经济学家约翰·贝茨·克拉克(John Bates Clark);但庞巴维克的贡献显然胜过他们所有人。

奥地利学派(或者说门格尔-庞巴维克主义者)对经济学的困境的解决方案远比李嘉图主义者的全面,因为奥地利学派的方案建立在截然不同的认识论基础之上。奥地利学派经济学家正确地将其分析重点放在**个体**、行动的个体之上,因为在现实世界里,个人依据其偏好和价值进行选择。从个体出发,奥地利学派经济学家能够将其对经济活动及生产的分析建立在个体**消费者**的价值和欲望之上。每个消费者都按照他自己选择的偏好和价值尺度采取行动。而正是这些价值相互作用、组合,形成了消费者需求,从而形成了一切生产性活动的基础和方向。奥地利学派经济学家把他们的分析建立在生活在现实世界中的个体之上,他们洞悉到生产性活动是建立在服务于消费者需求之预期的基础上的。

因此,在奥地利学派经济学家看来,不论是劳动还是其他生产要素,任何生产活动都不可能赋予商品或服务价值。价值来自个体消费者的主观评价。简言之,我可能花了 30 年的劳动时间和其他资源来完善一辆巨型蒸汽动力三轮车。然而,如果把这个产品放到市场上却找不到消费者,不管我为之花费了多少方向错误的努力,它都没有经济价值。价值是消费者的评价,商品和服务的相对价格是由消费者对这些产品的评价和欲

[1] See Eugen von Böhm-Bawerk, *Capital and Interest*: vol. Ⅰ, *History and Critique of Interest Theories*; vol. Ⅱ, *Positive Theory of Capital*; vol. Ⅲ, *Further Essays on Capital and Interest*, trans. George D. Huncke and Hans F. Sennholz (Grove City, Penn.: Libertarian Press, 1959); 这是对德文第三版和第四版的首次完整英文翻译。冯·庞巴维克这本巨著的德文书名是 *Kapital und Kapitalzins* (first edition of vol. Ⅰ in 1884 and vol. Ⅱ in 1889; second edition of vol. Ⅰ in 1900 and vol. Ⅱ in 1902; third and completely revised edition of vol. Ⅰ in 1914 and part of vols. Ⅱ & Ⅲ in 1909; balance of vols. Ⅱ & Ⅲ in 1912; fourth (posthumous) edition, Ⅰ, Ⅱ, Ⅲ in 1921).

望之水平与强度来决定的。[1]

奥地利学派经济学家明确关注个体而非宽泛的“阶级”,因而得以轻松解决难倒古典经济学家的“价值悖论”。市场上的任何个体都永远不会在作为一个类别的“面包”和作为一个类别的“钻石”之间做出选择。奥地利学派经济学家揭示了,一个人所拥有的某种商品的数量越多(单位数量越多),他对任一给定单位的评价就越**低**。一个在沙漠中磕磕绊绊、缺乏水分的人,会对一杯水的“效用”赋予极高的价值,然而,如果同一个人在供水充裕的维也纳或纽约市区,就会对任意一杯水都赋予很低的价值。因此,在沙漠中他愿意为一杯水所支付的价格要比在纽约市里高得多。总之,行动的个体面对着特定单位或者说“边际”,并以这种方式进行选择。奥地利学派的发现可以概括为“边际效用递减法则”。“面包”比“钻石”便宜得多的原因,便是可获得的面包的数量要比可获得的钻石的克拉数多得多,因而**每条面包**的价值和价格就比**每克拉钻石**的价值和价格小得多。这里并不存在“使用价值”和“交换价值”之间的矛盾。在可获得面包数量充裕的情况下,对于个体来说,每条面包**是**没有每克拉钻石“有用”的。

对个体行动的同样关注并因而侧重“边际分析”也解决了市场上收入“分配”的问题。奥地利学派经济学家证明了,不管是哪种类型的劳动、土地和资本设备,每单位生产要素在自由市场上的价值都取决于其“边际生产率”,简言之,取决于一单位该要素对消费者购买的最终产品的价值的实际贡献。“供应”越多(任意给定要素的单位数量越多),其边际生产率越低,因此其价格也趋于降低;其供应越少,其价格就趋于越高。因此,奥地利学派经济学家揭示了不同类别的要素之间不存在无意义、无缘无故的阶级斗争或冲突;相反,每种类型的要素都和谐地服务于最终产品,以最有效率的方式(耗费资源最少的方式)满足消费者最强烈的欲望。因此,每单位的各种要素都形成其边际产品,都对生产结果有自己具体的贡献。实际上,如果说存在着任何利益冲突,那也不是发生在不同类型的要

---

[1] See Eugen von Böhm-Bawerk, “The Ultimate Standard of Value” in *Shorter Classics of Böhm-Bawerk* (Grove City, Penn.: Libertarian Press, 1962).

素(土地、劳动、资本)之间,而是在**同一**要素的竞争性供应商之间。例如,如果某人发现了一处新的铜矿供应,增加的供应就会压低铜价;对消费者、合作的劳动和资本要素来说,这只会带来好处和收益。唯一不高兴的只能是那些现有的铜矿主,他们发现自己的产品价格在下降。

奥地利学派经济学家揭示了,在自由市场上,并不存在"生产"与"分配"的分离。消费者的价值和需求决定消费品(消费者所购买的商品)的最终价格,正是消费者在设定生产活动的方向,并因此决定合作要素的单位价格:个体工资率、租金以及资本设备的价格。收入的"分配"仅仅是每种要素价格的结果。因此,如果铜的价格是每磅 20 分,而一个铜的所有者售出 10 万磅铜,那他就会收到 2 万美元的"分配";如果某人的工资是每小时 4 美元,而他一周工作 40 小时,那他每周就会收到 160 美元;以此类推。

利润与"凝固的劳动"(体现在设备中的劳动)这一问题的情况又如何呢?庞巴维克再一次从分析个体出发,发现人的行动的一个基本法则是,每个人都希望尽早实现自己的欲望和目的。因此,比起要等待一定长度时间在未来才能得到的商品和服务,每个人都会喜欢眼前的这些商品和服务。对一个人来说,一只已经到手的小鸟总是会比一只还在丛林里的鸟的价值更大。正是因为"时间偏好"这一最基本的事实,人们不会为了增加未来可以生产的商品数量而把自己的全部收入投资于资本设备,因为他们必须先购买当下的消费品。不过,在不同条件和文化下,每个人具有不同的时间偏好**率**,即偏爱当下商品甚于未来商品的程度不同。他们的时间偏好率越高,他们收入中用于**当下**消费的比例越高;时间偏好率越低,他们越会为了未来的生产而储蓄和投资。正是因为时间偏好,所以才产生了利息和利润;正是时间偏好的程度和强度决定了利率和利润率有多高。

以一笔贷款的利率为例。中世纪和近代初期天主教的经院哲学家的确是非常出色的经济学家和市场分析者;但他们从未就为什么要对一笔贷款收取利息做出解释和辩护。他们能够理解为什么具有风险的投资应当获得利润,但他们却被亚里士多德的错误思想迷惑了,即货币本身是没有产出和非生产性的。因此,一笔贷款(假设没有违约的风险)的纯利息怎么会是正当的呢?教会和经院哲学家无法找到答案,只好将贷款利息斥为罪恶的"高利贷",结果他们的方法在世人眼中信誉扫地。庞巴维克最终用"时间偏好"的概念找到了答案。当债权人将100美元借给债务人,以换取一年之后的106美元时,这两人交换的不是同一样东西。债权人给债务人的100美元是"现在财货",这笔钱债务人可以从现在起在任何时间使用。但债务人作为交换给债权人的并不是钱,而是一张借条,是一年后收到钱的**前景**。简单地说,债权人给债务人的是"现在财货",而债务人给债权人的只是"将来财货",这笔钱债权人只能等上一年才能使用。而且,因为"时间偏好"这一普遍事实使得现在财货比将来财货更有价值,所以债权人必须收取一笔对现在财货的溢价,而债务人也愿意支付这笔钱。这个溢价就是利率。溢价的多少将取决于市场中所有人的时间偏好水平。

庞巴维克并未仅限于此,他进一步说明了时间偏好如何以同样的方式决定企业的利润率:实际上,企业"正常的"利润率**就是**利率。因为当生产过程中使用劳动或土地时,重要的事实是他们不必等待自己的收入,而如果没有资本家雇主,在产品生产和销售给消费者之前,他们就不得不苦苦等待。如果没有资本家雇主,劳动者和土地所有者将不得不在几个月甚至几年都没有工资的情况下埋头苦干,直到消费者购买了最终产品,如汽车、面包或洗衣机等。而资本家从他们先前的收入中储蓄下来的资金起到了重要的作用,劳动和土地一旦投入使用,就能**立即**支付劳动者和土地所有者。资本家起到了在最终产品销售给消费者并收回自己的钱之前等待的作用。正是因为这种重要的服务,劳动者和土地所有者都更乐于向资本家"支付"自己的利润或者说利息。简言之,资本家的位置就是"债权人",他储蓄并提供现在财货,接着等待它们的最终回报;而劳动者和土地所有者从某种意义上说则是"债务人",他们的服务只有在未来的某个时候才有成果。多方面的时间偏好水平再一次共同决定着正常的企业利润率。

庞巴维克也从另一方面阐述了这一点:资本品不仅是"凝固的劳动",它们**也**是凝固的**时间**(和土地)。只有用至关重要的时间元素和时间偏好才能解释利息和利率。他也极大地推进了对资本的经济分析,因为他不仅与李嘉图主义者不同,而且与当今大多数经济学家不同,他并不简单地把“资本”视为一个同质的团(blob)[1],或一个给定的量。资本是一种具有时间维度的复杂网格(latticework);而经济增长和生产率提高并不仅仅来自增加资本量,而且要增加其时间结构,使“生产过程越来越长”。人们的时间偏好水平越低,就越愿意牺牲现在的消费,以便能进行储蓄并投资于那些更长的过程,在这些过程中会**在未来**某个时候产生明显更多数量的消费品回报。

---

〔1〕 See Böhm-Bawerk, *Capital and Interest*, vol. Ⅱ, *Positive Theory of Capital*, pp. 1-118.

第二章　米塞斯与“奥地利学派经济学”：《货币与信用理论》[1]

年轻的路德维希·冯·米塞斯于1900年进入维也纳大学，并于1906年获得法学和经济学博士学位。他很快就使自己成了欧根·冯·庞巴维克持续举办的讨论班上才华横溢的最杰出学生。米塞斯专注于奥地利学派的方法，不过他发现庞巴维克和更早的奥地利学派经济学家做得还不够：他们没有把自己的分析一推到底，因而在奥地利学派经济学中仍然留下了重要的**空白**。当然，任何科学学科都是如此：学生和门徒站在自己伟大的导师肩膀上就能更进一步。然而，导师很多时候会否定或者忽视自己继任者的进展的价值。

尤其是，米塞斯觉察到的主要**空白**是对**货币**的分析。诚然，奥地利学派经济学家已经分析了消费品和各种生产要素的相对价格，但从古典经济学家的时代起，货币就一直在一个孤立的盒子里，不受涵盖经济系统其余部分的方法分析。对更早的奥地利学派经济学家和欧美其他新古典经

---

〔1〕 米塞斯于1912年写作的 *Theorie des Geldes und der Umlaufsmittel* 一书在1934年被英文版译者错误地翻译为 *The Theory of Money and Credit*，并因此被本书台湾版译者错误地翻译为《货币与信用原理》。根据德国奥地利学派经济学家许尔斯曼和菲利普·巴格斯的观点，Umlaufsmittel 更准确的英语表达应该是 fiduciary media。但在本书中，因为作者罗斯巴德沿用的是 *The Theory of Money and Credit*，此处也只好翻译为《货币与信用原理》。——译者注

济学家而言,这种脱节仍在继续,分析货币和"价格水平"越来越与分析市场经济的其他部分分离。我们现在正品尝这种严重分裂(目前这种"微观"与"宏观"之间的脱节)的苦果。"微观经济学"至少还大致建立在个体消费者和生产者的行动之上;但一旦经济学家面对货币,我们就突然陷入了虚幻总量构成的想象世界:货币总量、价格总水平、国民生产总值和总开支。由于脱离了个体行动的坚实基础,"宏观经济学"从一个谬误跳跃到另一个谬误。在20世纪的头十年,这种误导性的割裂已经在美国人欧文·费雪的著作中快速发展,他精心创建了"价格水平"和"流速"理论,却对个体行动置之不理,也并未尝试把这些理论整合进新古典"微观"分析的健全体系。

路德维希·冯·米塞斯着手修复这种割裂,将货币及其购买力(常常被错误地称为"价格水平")的经济学建立在奥地利学派对个体和市场经济的分析基础之上:以达到一种完整的经济学,从而能解释经济体系的方方面面。米塞斯在其首部著作《货币与信用理论》[1]中取得了这一里程碑式的成就。这是富有创见的成就,值得庞巴维克本人刮目相看。经济学终于得以圆满,成为建立在个体行动之上的完整分析体系;货币与相对价格之间、微观与宏观之间再无鸿沟。米塞斯明确清除了费雪关于货币量与价格水平之间的必然关系,以及"货币流速"与"交换方程"的机械观点,代之以对货币自身的供需整合应用边际效用理论。

具体而言,米塞斯表明,货币单位的可用数量和消费者对其需求的迫切程度(根据它对消费者的边际效用)决定着它的"价格"或购买力,正如其他任何商品在市场上也是以同样的方式决定一样。对货币的需求,是人们对持有现金余额(在钱包里或在银行里,以便早晚用于有用的商品和服务)的需求。货币单位(美元、法郎或金盎司)的边际效用决定着对现金余额的需求强度;而货币的可用数量与对其的需求则决定了美元的"价格"(美元可以购买多少其他商品)。米塞斯赞同古典"数量理论",即增

---

〔1〕 1934年由H. E. 巴特森(H. E. Batson)翻译;1953年与《货币重构》("Monetary Reconstruction")一文一起重印(New Haven, Conn.: Yale University Press);1971年由经济教育基金会(Foundation for Economic Education)重印;1989年与穆瑞·N. 罗斯巴德的一篇导言一起重印(Liberty Press/Liberty Classics)。

加美元或金盎司的供应会导致其价值或"价格"下跌(其他商品和服务的价格上涨);但他极大地改进了这种粗糙的方法,并将其整合进一般经济分析。一方面,他解释了这种波动几乎不可能是成比例的;增加货币供应会趋于降低其价值,但下降多少,乃至是否真的下降,取决于货币的边际效用发生了什么,因而也取决于民众对维持其现金余额中货币的需求。此外,米塞斯也证明了"货币数量"并不以一个总体增加:增量在经济体系中的某个点被注入,新货币在经济体中如波纹般扩散开来,物价才会随之上涨。如果政府印了一批新钱,并假设将其用于回形针,结果并**不**会像奥地利学派之外的经济学家所说的那样,仅仅是"价格水平"上涨,而是首先回形针商人的收入增加,回形针价格上涨,接着回形针业的原料价格上涨,以此类推。因此,增加货币供应至少会暂时改变相对价格,最终也可能导致永远改变相对收入。

米塞斯也证明了李嘉图及其早期追随者有一个早已被人遗忘的洞见完全正确:在黄金的工业或消费用途之外,增加货币供应对社会无论如何也不会有任何好处。增加土地、劳动和资本这样的生产要素会促进生产并提高生活水平;与之相反,增加货币供应只能稀释其购买力,并不能促进生产。如果每个人的钱包里或银行里的货币供应都在一夜之间奇迹般地增加3倍,则社会并不会进步。而米塞斯表明了,"通货膨胀"(增加货币数量)的巨大吸引力**正是**在于,并非所有人都同时立刻得到了同等数量的新增货币;恰恰相反,政府及其垂青的那些人(享受政府采购或补贴的人)首先得到新增货币。在各种物价随之水涨船高之前,**他们的**收入增加了,而在链条末端才收到新增货币的那些不幸的社会成员(或者说,压根没有收到新增货币的人,如退休人员)则会遭受损失,因为他们所购买的商品的价格在他们可以使用新增货币之前已经上涨。总之,通货膨胀的吸引力就在于,政府及经济体中的其他团体可以悄然无声却卓有成效地牺牲无权无势的民众,并从中渔利。

米塞斯证明,通货膨胀——扩张货币供应——是一种征税和财富再分配的过程。在一个不受政府诱导增加货币供应之阻碍、处于发展中的自由市场经济中,价格将随着商品和服务的供应扩张而普遍**下降**。事实上,在19世纪的大多数时间里,工业扩张的一个受人欢迎的标志就是物价和成本下降。

在把边际效用应用于货币领域时,米塞斯必须解决绝大多数经济学家认为无法解决的难题,即所谓的"奥地利学派循环"(austrian circle)。经济学家可以理解鸡蛋、马匹或面包的边际效用如何决定各自的价格;人们需要这些东西是**为了消费**,与此不同,人们需要货币并保持现金余额是为了购买商品。因此,除非市场上**已经**存在能标定价格并具有购买力的货币,否则没有人会需要货币(并对其有边际效用)。但是,如果要使货币在一开始就被人需要,它就必须具有预先存在的价格(价值),那么,我们又如何以其边际效用来充分解释货币的价格呢?米塞斯用他一个最重要的理论成果——"回归定理"(regression theorem)解决了"奥地利学派循环"问题。他揭示,在逻辑上,我们可以把对货币的需求一直回推到古代某个时点,那时候充当货币的商品还不是货币,而仅仅是一种有其自身用途的交换商品,简言之,回推到货币商品(如金银)仅仅因为自身消费和直接使用的商品特征而被人需要的那个时点。于是,米塞斯不仅因此合乎逻辑地解释了货币的价格或购买力,而且他的发现有另外的重要意义——它表明货币**只**能有一种起源:在自由市场中,从该市场对一种有用的商品的直接需求中形成。这意味着,货币**不可能**起源于政府宣称某种东西是货币,或是起源于某种一次性社会契约,它只能来自具有普遍用途和价值的商品。门格尔此前就已经表明货币可能是这样出现的,但到了米塞斯这里才证明了货币必然起源于市场。

但这里还有更深一层的含义:与当时和现在绝大多数经济学家的看法相反,"货币"并不是由政府随意规定的单位或是纸片:"美元""英镑""法郎"等。货币**只能**起源于有用的商品,比如金银或别的什么东西。最初的货币单位——记账和交换单位——并不是"法郎"或"马克",而是黄金克或白银盎司。本质上,货币单位是市场上生产的特定价值的商品的**重量**单位。这也难怪,事实上今天所有货币的名字,如美元、英镑、法郎等,都源于黄金或白银重量单位的名字。即使在今日的货币混乱之中,美国的法典仍然把美元定义为 1 盎司黄金的 1/35(现在是 1/42)。

这一分析,结合米塞斯的论证——政府增加随意生产的"美元"和"法郎"的供应会造成无法缓和的社会恶果——为我们指出了一条将政府与货币体系完全分离的道路。因为这意味着货币的本质是一定重量的黄金或白银,这还意味着再次以这样的重量作为记账单位和货币交换媒介是完全可能的。金本位制远不是荒蛮的迷信,或另一个政府专断的工具,我们认为它能够提供一种只有市场才能产生的货币,从而不受强制性政府内在通胀和再分配倾向的影响。一种可靠、非政府的货币将意味着一个这样的世界,其中价格和成本会随着生产率的提高而再次不断下降。

这些不过是米塞斯里程碑式的《货币与信用原理》中的一个成就。米塞斯还论证了银行在货币供应中的作用,表明了自由银行制度(不受政府控制和支配的银行业)不可能导致货币的疯狂通胀性扩张,而会迫使银行在兑付压力下只得奉行可靠、无通胀倾向的“硬货币”(hard money)政策。大多数经济学家支持中央银行(美联储这样的政府银行)控制银行业,因为政府必须限制私人银行的通胀倾向。但米塞斯表明,中央银行的作用历来恰恰相反:它使银行免受自由市场对其活动的严格约束,并刺激和推动银行通胀性扩张自己的贷款和存款。中央银行最初的支持者心知肚明,它是并且一直是使银行免受市场约束的通胀性工具。

《货币与信用理论》的另一个重要成就在于消除一些违背个人主义的异常,这些异常曾削弱奥地利学派“边际效用”的概念。一些奥地利学派经济学家罔顾自家关注个人实际行动的基本方法论,而是附和边际效用的杰文斯-瓦尔拉斯版本,试图把边际效用变成一个可以衡量的精确数量。时至今日,每本经济学教科书都还是在用效用(utils)—— 一个照理来说可以进行相加、相乘以及其他数学运算的单位——来解释边际效用。如果学生觉得“我对每磅黄油赋予 4 效用的价值”毫无道理,他其实完全正确。米塞斯根据他在庞巴维克讨论班的同学捷克人弗兰茨·居赫尔(Franz Čuhel)的洞见,无情批驳了可以衡量边际效用的想法,并表明,边际效用是严格序数排列的,个体根据偏好次序(“我喜欢 A 多于 B,喜欢 B 多于 C”)列出自己的价值,而不会假设任何虚构的效用单位或数量。

如果说个人可以“衡量他自己的效用”毫无意义,那么试图比较社会中不同人的效用就更没意义了。然而,中央集权者和平等主义者在整个 20 世纪都在尝试以这种方式使用效用理论。如果你可以说,随着每个人积累的货币更多,1 美元对他的边际效用在递减的话,那么你难道不能说政府可以通过从富人(1 美元对他的价值不大)那里拿走 1 美元,并把它交给穷人(1 美元对他的价值更大)来提高“社会效用”吗?米塞斯论证了效用完全不可衡量,从而使边际效用不能用来主张国家主导的平等主义政策。然而,纵然经济学家嘴上都说不可能比较个人之间的效用,他们却仍然自以为是,想要比较“社会收益”与“社会成本”。

第三章　米塞斯论经济周期

在《货币与信用理论》中至少还包括了路德维希·冯·米塞斯另一个杰出贡献的雏形:长期以来人们孜孜以求的对神秘、恼人的经济现象——商业周期——的解释。早在18世纪后期发展工业和先进市场经济之时,观察家们就已经注意到,市场经济就是会受制于一连串看似无尽的盛衰交替、扩张(有时会造成失控的通货膨胀),或严重的恐慌和大萧条。经济学家尝试过很多种解释,但即便是他们中最出色的,也因一个根本缺陷而无功而返:没有一位经济学家试过整合对商业周期的解释、对经济体系的一般分析,以及价格与生产的"微观"理论。事实上,要做到这一点并不容易,因为一般经济分析表明,市场经济总是趋于"均衡":充分就业、预期错误最少等。那么,一系列持续的繁荣或萧条从何而来?

路德维希·冯·米塞斯洞察到,因为市场经济自身不会导致繁荣与萧条的不断循环,那么,只能用市场之外的某些外部干预来加以解释。他在三个此前没有联系起来的因素之上建立了自己伟大的商业周期理论。第一个因素是李嘉图论述的途径:政府和银行系统惯于扩张货币和信用,推高物价(繁荣)并导致黄金外流和随后的货币和物价收缩(萧条)。米塞斯意识到这是一个极佳的初步模型,但它并没有解释生产体系如何深受繁荣影响,或是萧条何以不可避免。第二个因素是庞巴维克对资本与生产结构的分析。第三个因素是瑞典"奥地利学派经济学家"克努特·维克塞尔(Knut Wicksell)对生产体系和"自然"利率(不受银行信用扩张干扰的利率)与实际上受银行贷款影响的利率之间价差的论述。

从这三个重要而又分散的理论出发,米塞斯构建了自己伟大的商业周期理论。市场经济原本运行得顺畅而和谐,却突然发生了政府及其中央银行鼓励、推动的银行信用及银行货币扩张。随着银行扩张货币供应(现金或存款),并把新增货币借贷给企业,利率被压低到"自然"利率或时间偏好水平(指反映公众自愿消费、投资比例的自由市场利率)之下。由于利率被人为降低,企业获得新增货币并扩展生产结构、增加资本投资,尤其是对"远端"〔1〕的生产过程的投资:长期项目、机器设备、工业原料等。新增货币被用于抬高工资和其他成本,以及把资源转移至这些更早或者说"更高级"〔2〕的投资。当工人和其他生产者收到新增货币时,他们的时间偏好并未改变,他们仍然按照原来的比例花钱。这就意味着,公众的储蓄不足以购买新的高级投资,那些企业和投资的崩盘也就变得不可避免。因此,衰退或萧条被视为对生产体系的一种不可避免的再次调整,通过这一过程,市场清算了通胀性繁荣时期不可靠的"过度投资",并恢复到消费者偏好的消费/投资比例。

米塞斯第一个把对商业周期的解释与一般的"微观经济"分析融为一体。政府控制的银行系统造成的通胀性货币扩张,导致资本品行业出现过度投资,消费品行业却投资不足;而"衰退"或"萧条"则是一个必要过程:市场清算繁荣时期的种种扭曲,并回归用来服务消费者的自由市场生产体系。当这一调整过程完成,就会出现复苏。

米塞斯的理论所暗含的政策结论与当下流行的"凯恩斯主义"或"后凯恩斯主义"大相径庭。如果政府及其银行系统正在扩张信用,米塞斯给出的对策如下:(1)尽快**停止**扩张;(2)**不要**干预衰退调整,**不要**人为维持工资率、物价、消费或不可靠的投资,让必要的清算过程尽可能迅速、平稳地完成自己的使命。如果经济已经处于衰退,则对策也完全相同。

---

〔1〕 远端是指在生产结构中离消费者远。——译者注

〔2〕 最靠近消费者的财货被称为消费品或一级财货,用于生产一级财货的财货是更高级的财货。所以这里指的同样是远离消费者的财货投资。——译者注

第四章 两次大战时期的米塞斯

《货币与信用理论》使年轻的路德维希·冯·米塞斯跻身欧洲一流经济学家行列。次年(1913年),他就任维也纳大学经济学教授。在整个20世纪20年代和30年代初期,米塞斯在维也纳的讨论班成为全欧洲年轻经济学家的指路明灯。1926年,米塞斯成立了享有盛誉的奥地利商业周期研究所(Austrian Institute for Business Cycle Research)。在1928年,他出版了《货币稳定与经济政策》(*Geldwertstabilisierung und Konjunkturpolitik*),对商业周期理论做了进一步研究。[1]

尽管米塞斯的书和他在维也纳大学的讨论班名声在外,米塞斯的非凡成就及其《货币与信用理论》却从未真正被经济学家认可或接受。以下事实可以生动地说明这种排斥:米塞斯在维也纳一直是私人讲师(privat-dozent),即他在大学里的职位享有教授的名望,却没有薪水。[2] 他的收入来自充当奥地利商业委员会(Austrian Chamber of Commerce)经济顾问

〔1〕 英文版由贝蒂娜·B. 格里夫斯(Bettina B. Greaves)翻译,参见"Monetary Stabilization and Cyclical Policy",收录于:Ludwig von Mises, *On the Manipulation of Money and Credit*, Percy L. Greaves, Jr., ed. (Dobbs Ferry, N. Y.: Free Market Books, 1978). 重印于:Ludwig von Mises, *The Causes of the Economic Crisis: And Other Essays Before and After the Great Depression* (Auburn, Ala.: Ludwig von Mises Institute, 2006).

〔2〕 学生们会支付少量报酬给米塞斯。

的薪水,他从1909年开始到1934年离开奥地利一直担任这一职位。米塞斯的成就受到普遍忽略的原因被归结为翻译,更深入而言,被归结为第一次世界大战之后经济学界的发展方向。未被翻译成英语的著作不会对英美学术界产生任何影响。而遗憾的是,《货币与信用理论》直到1934年才有英文版,正如我们所见,为时已晚。德国向来没有新古典经济学的传统;至于奥地利本国,庞巴维克在1914年辞世,已不太活跃的门格尔也在第一次世界大战之后不久去世,这些都象征着奥地利学派已经走向衰落。正统庞巴维克主义者强烈反对米塞斯发展庞巴维克的理论,也反对他把货币与商业周期整合到奥地利学派分析中。于是,米塞斯必须重新创造出有自己学生和追随者的"新奥地利学派"。

语言并非是在英美两国所面临的唯一问题。在新李嘉图主义者阿尔弗雷德·马歇尔(Alfred Marshall)密不透风、居高临下的影响下,英国学界对奥地利学派思想从未有过好感。而在美国,奥地利学派思想曾经根基牢固,但在第一次世界大战之后,其经济理论水平却出现了令人痛惜的下滑。美国两位执牛耳的"奥地利学派"经济学家康奈尔大学的赫伯特·J. 达文波特(Herbert J. Davenport)和普林斯顿大学的弗兰克·A. 费特(Frank A. Fetter)到第一次世界大战的时候就双双停止了对经济理论的贡献。在20世纪20年代这一理论真空期,出现了两位不可靠、断然不是奥地利学派的经济学家,他俩协助形成了"芝加哥学派":一位是耶鲁大学的欧文·费雪,他持一种机械的货币数量理论,并强调追求政府操纵货币和信用以提高和稳定价格水平;另一位则是芝加哥大学的弗兰克·H. 奈特(Frank H. Knight),他强调追求"完全竞争"的虚幻假设,并否认时间在资本分析中的重要性以及时间偏好决定利率。

此外,经济世界和经济学界一样,都越来越敌视米塞斯的观点。第一次世界大战前,在全世界曾一度流行相对的自由放任和金本位制度,米塞斯在此时写出了自己伟大的著作——《货币与信用理论》。很快,战争便带来了我们现在十分熟悉的经济制度:一个属于中央集权、政府计划、干预、政府法币、通货膨胀及恶性通胀、通货崩溃、关税与贸易控制的世界。

终其一生,米塞斯都在以巨大的勇气和人格尊严抵御他周围日渐昏暗的经济世界。路德维希·冯·米塞斯从未屈服于那些他认为会带来不幸和灾难的风向转变;政治经济学和经济学科中的变化也从未让他丝毫背离追求并阐述自己心中的真理。在一篇致敬米塞斯的文章中,法国经济学家、知名金本位倡导者雅克·吕埃夫(Jacques Rueff)谈到了米塞斯的"毫不妥协",并且指出:

> 他(米塞斯)具有不知疲惫的热情、无畏的勇气和信念,他从未中断批判那些为大多数新制度辩解的错误理由和谎言。他最为名副其实地证明了,那些制度声称会增进人类的福祉,却直接带来了种种艰难困苦,并最终导致种种冲突、战争和奴役。
>
> 不管什么理由,都不能使他丝毫偏离自己的冷峻推理所指引的道路。在我们这个非理性主义的时代,他依然是一个纯粹理性的人。
>
> 那些聆听过他讲话的人,常常会惊讶地发现,自己正被他推理的力量指引到一些自己出于人之常情的胆怯而从来不敢探索的领域。[1]

---

〔1〕 Jacques Rueff, "The Intransigence of Ludwig von Mises," in Mary Sennholz, ed. *On Freedom and Free Enterprise: Essays in Honor of Ludwig von Mises*(Princeton, N. J. : D. Van Nostrand, 1956), pp. 15-16.

第五章　米塞斯论经济计算与《社会主义》

奥地利学派经济学历来暗含着对自由市场政策的偏爱，但在 19 世纪末期平静和相对自由的世界里，奥地利学派经济学家从未费心去发展对自由或政府干预的明确分析。随着中央集权和社会主义计划经济日渐抬头，路德维希·冯·米塞斯在继续发展其商业周期理论的同时，把注意力转向了分析政府干预与计划经济学。1920 年，他发表在一份期刊上的文章《社会主义国家的经济计算》(*Economic Calculation in the Socialist Commonwealth*)[1]，仿佛一颗重磅炸弹，首次证明了对一个工业经济来说，社会主义计划经济是一个不可行的体制，因为米塞斯表明，社会主义计划经济抛弃了自由市场价格体系，所以不能理性计算成本或把生产要素有效配置到最需要它们的任务上。尽管再一次米塞斯这一著作迟至 1934 年才被翻译为英文，但他的论证对欧洲的社会主义者产生了重大的影响，他们不得不花费数十年时间来反驳米塞斯，并为社会主义计划经济提出可行模型。米塞斯后来把自己的洞见整合成了一本全面审视社会主义计划

---

〔1〕 "Die Wirtschaftsrechnung im sozialistischen Gemeinwesen," in *Archiv für Sozialwissenschaften* 47 (1920)：86-121. 英文版由 S. 阿德勒(S. Adler)翻译并且收录于哈耶克编辑的一本著作中，参见 *Collectivist Economic Planning*：*Critical Studies of the Possibilities of Socialism* (London：G. Routledge & Sons, 1935).

经济的著作——《社会主义》(*Socialism*, 1922)。[1] 在米塞斯对计划经济的批判被翻译成英文之前,美国经济学界盛传波兰社会主义者奥斯卡·兰格已经"驳倒"了米塞斯,社会主义者松了一口气,不用为阅读米塞斯本人的贡献而烦恼了。俄罗斯和东欧的社会主义经济计划随着这些国家在第二次世界大战之后工业化水平的提高而被公认为日益失灵,生动地证明了米塞斯的洞见,尽管米塞斯本人的论证依然一如既往地被人们遗忘。

如果社会主义计划经济不可行,那么,米塞斯称之为"干预主义"(interventionism)的种种政府干预市场的活动也同样如此。在20世纪20年代的一系列文章中,米塞斯批判并驳斥林林总总的中央集权经济措施,这些文章被收录在《干预主义批评》(*Kritik des Interventionismus*,1929)[2]一书中。如果社会主义计划经济和干预主义都不可行,那么就只剩下"自由放任"自由主义或者说自由市场经济了,而米塞斯在其著名的《自由主义》(*Liberalismus*, 1927)[3]一书中扩展了他对古典自由主义的优势的分析。在这本著作中,米塞斯证明了国际和平、公民自由与自由市场经济之间的密切关系。

---

〔1〕 Ludwig von Mises, *Socialism: An Economic and Sociological Analysis* (Indianapolis: Liberty Press/Liberty Classics, 1981). German editions, 1922, 1932. English translation by J. Kahane, 1936; enlarged with an Epilogue, *Planned Chaos*, 1951; Jonathan Cape, 1969.

〔2〕 Ludwig von Mises, *A Critique of Interventionism*, trans. by Hans F. Sennholz (New Rochelle, N. Y.: Arlington House, 1977); reprinted 1996 by the Ludwig von Mises Institute. Original German edition in 1976 by Wissenschaftliche Buchgesellschaft (Darmstadt, Germany), with a Foreword by F. A. Hayek.

〔3〕 *Liberalism: A Socio-Economic Exposition*, trans. Ralph Raico, Arthur Goddard, Ludwig von Mises, ed. (Kansas City: Sheed Andrews and McMeel, 1978); 1962 edition, *The Free and Prosperous Commonwealth* (Princeton, N. J.: D. Van Nostrand).

第六章　米塞斯论经济学方法论

在20世纪20年代,路德维希·冯·米塞斯成为著名的中央集权和社会主义计划经济的批评者、自由放任和市场经济的拥护者。但对他那极具创意而多产的头脑来说,这远远不够。因为米塞斯已经看到,经济理论本身,即便是奥地利学派经济学,也没有完全形成系统,没有完全摸索出自己的方法论基础。此外,他还意识到,经济学越来越明显地中了两种不健全的新方法的"邪":一种是"制度学派",它从根本上否定了经济学;另一种是"实证主义",它愈发追求把经济理论误导性地建构在与物理学同样的基础上。古典经济学家和早期奥地利学派经济学家把经济学建立在正确的方法论之上;但他们在方法论上的个别洞见往往比较杂乱无章、不成体系,因此他们并没有建立起一种足以抵御新兴实证主义或制度学派冲击的明确、自知的方法论。

米塞斯着手为经济学建立一种哲学基础和方法论,从而使奥地利学派的方法最终圆满并形成系统。他在《经济学的基本问题》(*Grundprobleme der Nationalökonomie*,1933)一书中初步发展了这一思想。[1] 第二次

---

[1] 英文版由乔治·赖斯曼(George Reisman)翻译,参见:*Epistemological Problems of Economics* (Princeton, N. J. : D. Van Nostrand, 1960);重印于2003年(Auburn, Ala. : Ludwig von Mises Institute)。

世界大战后，制度学派最终衰败，实证主义掌控了经济学界，米塞斯在这时进一步发展了自己的方法论，并在其《理论与历史》(*Theory and History*, 1957)[1]以及《经济科学的终极基础》(*Ultimate Foundation of Economic Science*, 1962)[2]中驳斥了实证主义。米塞斯尤其反对实证主义方法——它运用物理学的方法，像对待石头或原子那样看待人。对实证主义者来说，经济理论的作用就是观察人的行为中可量化、可统计的规律性，并想出一些能用来"预测"并且可以由进一步的统计证据进行"验证"的定律。实证主义方法当然只适合那种认为经济应该由那些"社会工程师"管理、计划的观念，他们把人当作没有生命的物体对待。正如米塞斯在《经济学的认识论问题》(*Epistemological Problems*)的前言中所写，这种"科学"方法是：

> ……根据牛顿物理学研究质量和运动的方法来研究人类的行为。根据这种研究人类问题的所谓"实证"方法，他们计划发展"社会工程学"，这是一种新技术，可以使未来计划社会的"经济沙皇"用工程师处理没有生命的物质的技术来处理活生生的人。

米塞斯从两个来源发展了自己的对立方法论——他称之为"行动学"(praxeology)或人的行动的一般理论：一是古典经济学家和奥地利学派经济学家的演绎、逻辑、个人主义的分析；二是20世纪的"德国西南学派"(Southwest German School)，尤其是李凯尔特(Rickert)、狄尔泰(Dilthey)、文德尔班(Windelband)和米塞斯的朋友马克斯·韦伯的历史哲学。本质上，米塞斯行动学的基石是**行动的人**：他是个体的人，而不是依照物理定律定量决定而"运动"的石头或原子，他有其力图实现的内在意图、目标或目的，也有如何去实现它们的想法。总之，与实证主义者相反，米塞斯肯定了这一首要事实：人有意识——人的头脑决定目标并试图采取行动来达到这些目标。我们可以运用内省和观察人类的活动来发现这种行动的存在。因为人运用自己的自由意志在这个世界里行动，所以他们会产生

---

[1] (1957, 1969, 1976; New Rochelle, N.Y.: Arlington House, 1978); reprinted 1985 and 2007 (Auburn, Ala.: Ludwig von Mises Institute).

[2] (Princeton, N.J.: D. Van Nostrand, 1962); second edition 1978 (Kansas City: Sheed Andrews and McMeel).

后果的行为绝不能被总结成量化的历史"规律"。因此,经济学家企图为人类活动找出可预测的统计定律和相关性,只会徒劳无功、误入歧途。人类历史上的每一个事件、每一个行动,都是不同的和独特的,都是人自由行动并相互影响的结果,因而,不能做统计预测,也不能"验证"经济理论。

如果行动学表明,人的行动不能被归类总结成量化定律,那么,科学的经济学又如何能存在?米塞斯回答说,作为一门研究人的行动的科学,经济科学必须并且确实完全异于物理学的实证主义模型。因为,古典经济学家和奥地利学派经济学家已经表明,经济学可以从把自身建立在极少几个广泛成立且显而易见的公理(axiom)之上开始,通过内省人的行动之性质和本质为获得一些公理。从这些公理出发,我们可以推导出它们的逻辑含义并将其作为经济学真理(truth)。比如,从存在人的行动的这一基本公理本身就能推出:个体具有目标,会用行动去实现这些目标,行动必然需要时间,会采用序数偏好表等。

米塞斯关于方法论的想法虽然在第二次世界大战后很久才得以翻译,但在当时就已经以一种被高度削弱的形式,被他的学生和追随者、年轻的英国经济学家莱昂内尔·罗宾斯(Lionel Robbins)传播到了英语世界。在罗宾斯的《论经济科学之性质与意义》(*Essay on the Nature and Significance of Economic Science*,1932)[1]中,作者致谢了米塞斯对他的"恩惠有加",这本书多年在英、美两国被奉为经济学方法论名著。不过,罗宾斯强调,经济学的本质是研究把稀缺的手段配置给供选的目的,这是一种高度简化和"兑水"的行动学。它毫无米塞斯对演绎方法本质的深刻洞见,也缺乏米塞斯对经济理论和人类历史本质之区别的深刻洞见。结果,再加上米塞斯本人在这一领域的著作未被翻译,罗宾斯的著作根本不足以抵御日益高涨的实证主义热潮。

[1] (London: Macmillan, 1932).

第七章　米塞斯与《人的行动》

能阐述正确的经济学方法论固然很好;但要在这一基础之上,运用这一方法,真正去建构经济学——经济分析的整个体系——又是另外一回事。我们通常认为不可能指望同一个人来完成这两项任务:先创建方法论,再在此基础上发展出一整套经济学体系。鉴于米塞斯已经著作等身,我们几乎不可能再期待米塞斯本人来完成这一极其艰难困苦的任务。然而,路德维希·冯·米塞斯在孤立无援、孑然一身,几乎完全被自己的追随者抛弃的情况下,在逃离法西斯治下的奥地利,流亡于日内瓦的期间,在一个完全遗弃他的观念、方法和原理的社会和学界里,做到了。1940 年,他出版了自己登峰造极的里程碑式著作《经济学》(*Nationalökonomie*)。然而这本书却在饱受战火蹂躏的欧洲迅速被人遗忘。所幸在 1949 年,《经济学》一书在扩充之后被翻译成英文,取名《人的行动》(*Human Action*)。[1] 仅仅是写出《人的行动》已是一个了不起的成就,而米塞斯能在此等极端恶劣的条件下完成这一成就更是令人叹为观止。

《人的行动》就是那本书,它是经济学的全部:它构建了自可靠的行动

[1] (New Haven, Conn.: Yale University Press, 1949, 1963); third edition, revised (Chicago: Henry Regnery, 1966); scholar's edition (Auburn, Ala.: Ludwig von Mises Institute, 1998, 2008).

学公理,完全根据对行动着的人——在真实世界中行动的、有目的的个人——的分析。它是用演绎方法发展出来的经济学,织造出人的行动这一事实的逻辑含义。笔者曾有幸在出版过程中阅读该书,它竟然改变了笔者的人生和观念轨迹。因为书中展示的是一套我们中一些人曾经梦寐以求却一直以为难以企及的经济思想体系,一种完整而理性的经济科学,一种早应存在但从未现身的经济学。这是一种由《人的行动》所提供的经济学。

米塞斯的巨大贡献可以从这一事实中略窥一二:《人的行动》不仅是第一次世界大战以来奥地利学派传统的第一本综合性经济学论文集,而且在**所有**传统中它都是第一本这样的综合性论文集。第一次世界大战后,经济学越来越支离破碎,被瓦解成零散、残缺的分析。在费特、克拉克、陶西格(Taussig)和庞巴维克等才俊战前的著作之后,经济学家就不再将自己的学科看作一个连贯、演绎的整体。眼下唯一还在试图呈现这个领域全景的著作者是那些基础教材的作者,但他们缺乏连贯性,只能反映经济学已经陷入的惨状。然而,《人的行动》为走出这片不连贯之泥沼指出了一条路。

关于《人的行动》已经无须多言,这里我们只想再指出这本伟大的经济学**巨著**里众多具体贡献中的几点。尽管庞巴维克发现并强调了时间偏好是利息的基础,他本人却没有在此基础之上完整构建出自己的理论。弗兰克·A. 费特曾经改进并完善这一理论,并在其 20 世纪前二十年那些值得注意却遭人忽视的著作中,建立起一套利息的纯时间偏好解释。费特的经济体系图景大致如下:消费者的效用和需求决定消费品的价格,而每种要素都获取其边际生产率,那么,所有这些回报都以利率或时间偏好来贴现。米塞斯复兴了费特被人遗忘的成就,并进一步指出,时间偏好是人的行动领域中一个必不可少的行动学范畴,他把费特的利息理论和庞巴维克的资本理论,以及他自己的商业周期理论整合到了一起。

米塞斯还从方法论上对当今经济学中流行的数学和统计方法提供了一个迫切需要的批评,这一体系源于瑞士新古典主义者莱昂·瓦尔拉斯(Léon Walras),其方法论可谓应有尽有,却唯独把语言或言语逻辑排除在经济学理论之外。米塞斯延续了古典经济学家和奥地利学派经济学家

(他们中很多人受过全面的数学训练)明确的反数学传统,指出数学方程只能用来描述脱离时间、静态、虚构的"一般均衡"。一旦我们离开这一理想状态去分析真实世界即一个存在时间、预期、希望和错误的世界中的个人的行动,数学就变得不仅无用,而且极具误导性。他指出,在经济学中使用数学本身就是实证主义谬误的一种表现,这种实证主义把人当作石头,并因此相信,可以像在物理学里测绘导弹飞行轨迹那样,借助某种精确的数学方法用图表表示人的行动。此外,因为每个行动者都只能从全然不同的角度来观察和判断,所以在人的行动科学里使用微分学——假设变化的量无限小——格外不合适。

使用数学"函数"意味着,市场中的所有事件是"互相决定"(mutually determined)的,因为在数学里,如果 x 是 y 的函数,那么 y 也在同样意义上是 x 的函数。这种"互相决定"的方法论可能在物理学领域完全合适,在物理学中没有只为原因的东西。但在人的行动领域**存在**着原因,"单一的"原因:个人有目的的行动。因此,奥地利学派经济学指出原因具有流向,比如,**从**消费者需求**到**生产要素定价,而绝不能反方向进行。

同样流行的"计量经济学"方法试图把统计事件和数学融为一体,这是错上加错,因为任何使用统计数据得出可预测定律的行为都假设在分析个体行动时,可以像在物理学里那样,发现恒定不变的定量定律。然而,正如米塞斯所强调的,从未有人在人的行为中发现过哪怕一个定量行为,也没人有可能发现,因为每个个体都有其固有的意志自由。从这个谬误出发,目前人们对"科学"经济预测的狂热接踵而至,米塞斯则尖锐地指出这种经久不衰却又总是徒劳无功的渴望在根本上是荒谬的。过去几年,尽管使用了高速计算机和所谓的复杂计量"模型",计量经济学的预测却总是令人大失所望,反而再次证实了米塞斯的先见之明。

可悲的是,在两次世界大战期间,除了少许方法论之外,米塞斯的经济学只有一个方面渗入了英语世界。米塞斯根据自己的商业周期理论,预测到了一次萧条,而当时正值 20 世纪 20 年代的"新时代",包括欧文·费雪在内的绝大多数经济学家在宣扬政府中央银行的操纵已经确保未来会永远繁荣下去。当大萧条降临,经济学界,尤其是英国经济学界才开始对米塞斯的商业周期理论产生兴趣。米塞斯杰出的追随者弗里德里希·

A. 哈耶克(Friedrich A. von Hayek)进入伦敦政治经济学院,则进一步激发了这种兴趣,哈耶克本人对米塞斯的商业周期理论的发展在20世纪30年代初被迅速翻译成英文。在此期间,哈耶克在伦敦政治经济学院的讨论班培养了许多奥地利学派周期理论家,包括约翰·R. 希克斯(John R. Hicks)、阿巴·P. 勒纳(Abba P. Lerner)、路德维希·M. 拉赫曼(Ludwig M. Lachmann)和尼古拉斯·卡尔多(Nicholas Kaldor);而米塞斯的那些英国追随者,如莱昂内尔·罗宾斯、弗雷德里克·本汉姆(Frederic Benham),也在英国发表了一系列米塞斯主义对大萧条的解释。米塞斯在奥地利的学生,如弗里茨·马赫卢普(Fritz Machlup)和戈特弗里德·冯·哈伯勒(Gottfried von Haberler)的著作也开始被译成英文,而罗宾斯也终于在1934年指导了米塞斯《货币与信用理论》一书的翻译。1931年,米塞斯出版了他对大萧条的分析《经济危机的原因》(*Die Ursachen der Wirtschaftskrise*)。[1] 米塞斯的商业周期理论在20世纪30年代前期看起来如日中天,如果事情果真如此,那么,米塞斯经济学的其他方面也不会落后。

美国在接受奥地利学派理论上慢了一步,但英国经济学在美国的巨大影响力下确保了米塞斯的周期理论也能在这个国家广泛传播。戈特弗里德·冯·哈伯勒在美国发表了米塞斯-哈耶克周期理论的第一份摘要。[2] 不久之后,正在崛起的经济学家阿尔文·汉森(Alvin Hansen)转而接受了奥地利学派学说。除了周期理论之外,哈耶克、马赫卢普,以及年轻的经济学家肯尼斯·博尔丁(Kenneth Boulding)在美国期刊上以一系列引人注目的文章复兴了奥地利学派的资本和利息理论。

看起来,奥地利学派越来越像未来的潮流,米塞斯也终将得到他早应得到却始终没有的承认。然而,在胜利来临的节骨眼上,约翰·梅纳德·

---

〔1〕 英文译本参见:Bettina Bien Greaves, "The Causes of the Economic Crises," in Ludwig von Mises, *On the Manipulation of Money and Credit* (Dobbs Ferry, N. Y.: Free Market Books, 1978). 重印参见:*The Causes of the Economic Crisis: And Other Essays Before and After the Great Depression* (Auburn, Ala.: Ludwig von Mises Institute, 2006).

〔2〕 这仍然是关于米塞斯对周期分析的最佳简介之一。See Gottfried von Haberler, "Money and the Business Cycle," in *The Austrian Theory of the Trade Cycle and Other Essays* (New York: Center for Libertarian Studies, September 1978); reprinted 1996 and 2003 (Auburn, Ala.: Ludwig von Mises Institute).

凯恩斯出版了他的《就业、利息与货币通论》(*General Theory of Employment, Interest and Money*,1936),他对通货膨胀和政府赤字混乱而不成熟的全新辩护和合理化,像一把野火席卷了经济世界。在凯恩斯之前,经济学为通货膨胀和赤字支出筑起了一道不受欢迎的铜墙铁壁,现在随着凯恩斯的出现,经济学家借助他那晦涩的、半数学化的术语,争先恐后与急于扩张自己影响和权力的政客、政府进行名利双收的勾结。凯恩斯主义经济学是为浩浩荡荡的现代福利-战争国家、干预主义和中央集权量身定做的精美的知识保护伞。

就如同在社会科学史上常常发生的那样,凯恩斯主义者根本不屑于反驳米塞斯的理论。后者就这样被人遗忘,在冠冕堂皇的凯恩斯革命洪流中被席卷而去。米塞斯的周期理论和奥地利学派的其他理论被草草倒入奥威尔笔下的“忘怀洞”(memory hole)〔1〕,从此在经济学家和全世界中销声匿迹。在这场浩大的忘却之中,最大的悲剧或许莫过于米塞斯那些最能干的追随者也抛弃了他:投奔凯恩斯主义的不只是哈耶克的英国学生,不只是随后成为美国凯恩斯主义领军人物的汉森,还有那些更有学识的奥地利人,他们飞快离开奥地利,远赴美国谋求学术高位,并构成了凯恩斯主义经济学中的温和派。在20世纪20年代和30年代天花乱坠的承诺之后,仅有哈耶克和名气稍小的拉赫曼坚守信念,未曾变节。就是在这种孤立无援之下,在他应得的厚望破灭之即,路德维希·冯·米塞斯奋力完成了《人的行动》的主体部分。

〔1〕“忘怀洞”是在英国著名作家乔治·奥威尔的小说《一九八四》中真理部所使用的一种文件销毁工具,按小说的描写,“忘怀洞”是个带门的火炉,把文件丢进去,历史就消失了。——译者注

第八章　米塞斯在美国

由于在自己的祖国奥地利受到迫害,路德维希・冯・米塞斯加入了著名的欧洲流亡者大军。米塞斯首先去了日内瓦,从 1934 年到 1940 年在高级国际关系学院(Graduate Institute of International Studies)任教。正是在日内瓦,他于 1938 年迎娶了迷人的玛吉特・瑟伦妮-赫兹菲尔德(Margit Sereny-Herzfeld)。1940 年,米塞斯来到美国。[1] 尽管无数信奉传统社会主义计划经济的欧洲流亡者在美国学术界大受欢迎,尽管自己以前的追随者得到了显赫的学术要职,米塞斯自己却被人忽视和遗忘。由于米塞斯在经济方法和政治哲学上难以抑制、毫不妥协地坚持个人主义,因此他被正是标榜自己"自由追求真理"的学术机构拒之门外。靠着纽约市几家小基金会的资助,米塞斯得以在 1944 年出版了两本用英语写成的名著——《全能政府》(*Omnipotent Government*)[2] 和《官僚体制》(*Bureaucracy*)[3]。《全能政府》表明,纳粹政权并不像当时流行的马克思

---

〔1〕 See Ludwig von Mises, *Notes and Recollection* (Grove City, Penn.: Libertarian Press, 1978).

〔2〕 (New Haven, Conn.: Yale University Press, 1944); reprinted 1985 (Grove City, Penn.: Libertarian Press).

〔3〕 (New Haven, Conn.: Yale University Press, 1944); reprinted 1983 (Grove City, Penn.: Libertarian Press).

主义分析所称的那样，是“资本主义的最高阶段”，相反，却是一种极权主义。《官僚体制》则为利润管理与官僚管理之间的关键差异提供了一种极为重要的分析，并表明官僚主义的严重低效率是任何政府活动中固有的和不可避免的。

米塞斯从未获得一个付薪的全职大学教职，这是美国学术界不可饶恕的可耻污点。从1945年起，米塞斯就一直只是纽约大学管理学院的客座教授。他常被大学管理层视为二等公民，远离享有盛誉的学术中心，并且身边多是主修会计或企业财务，趋炎附势、不明就里的人，就是在这些条件下，米塞斯恢复了他名噪一时的每周讨论班。遗憾的是，在这样的职位上，米塞斯不可能指望培养出一大批有影响力的年轻理论经济学家，也不可能指望重现其维也纳讨论班的那种辉煌成就。

尽管情况糟糕而不幸，米塞斯还是骄傲且毫无怨言地开展了自己的讨论班。我们这些在纽约大学时期才结识米塞斯的人，从来没有从他嘴里听到过一句辛酸怨言。米塞斯以无限温和、亲切的方式，努力去鼓励和激励学生产生哪怕一丁点火花。每周，他都会倒出一大串他建议的研究项目。米塞斯的每堂课都犹如精心雕琢的珠宝，充满洞见，勾勒出其经济图景的全貌。对那些一言不发、心里犯怵的学生，米塞斯会眼中闪烁着其招牌式幽默的光芒对他说，“别怕发言。记住，不管你就主题说了什么，不管你说得多荒谬，总有一些著名的经济学家说过同样的话”。

尽管米塞斯身处绝境，但他的讨论班还是涌现了一小群毕业生接过了奥地利学派传统的衣钵；此外，讨论班也成了整个纽约市区未注册学生的灯塔，他们每周都聚来参加米塞斯的讨论班。不仅如此，讨论班的乐趣还在于课后在附近餐厅的聚餐，这多少能微微反映著名的米塞斯圈子（*Mises-kreis*）在维也纳咖啡馆侃侃而谈的日子。米塞斯会滔滔不绝地讲述迷人的轶事和洞见，从这些轶事之中，从独特的氛围之中，从路德维希·冯·米塞斯的身上，我们都看到了更为高贵、更为迷人的旧时维也纳的化身。我们这些有幸参加他在纽约大学讨论班的人，都能够很好地理解米塞斯何以会成为一位伟大的**导师**和一位伟大的经济学家。

尽管当时他的处境艰难，米塞斯还是在一个充满敌意的世界中成了自由、自由放任和奥地利学派经济学的孤独明灯。正如我们所见，米塞斯非比寻常的生产力在新世界里依然不曾中断。幸运的是,很多热心人士在翻译他的经典著作,并出版他源源不断的新作。米塞斯是美国战后自由意志主义运动的焦点,指引并永远鼓舞着我们所有人。尽管被学术界忽略,米塞斯的所有著作至今都还在出版,越来越多的学生和追随者把它们保存了下来。即使在那些心存抗拒的学院经济学家当中,近年来也能看到越来越多的研究生和年轻教师接受了奥地利学派和米塞斯的传统。

不仅在美国,尚未广为人知的是,通过他的学生和同事,路德维希·冯·米塞斯在第二次世界大战后西欧从集体主义转回至少部分自由市场经济的过程中,发挥了主导作用。在西德,米塞斯在维也纳时的学生威廉·勒普克(Wilhelm Röpke)是德国从集体主义转向相对自由市场经济的主要思想动力。在意大利,米塞斯在自由市场经济上的老同事路易斯·埃依诺蒂(Luigi Einaudi)总统在战后推动国家远离羽翼已丰的社会主义上起到了关键作用。而米塞斯的追随者雅克·吕埃夫则是戴高乐将军在英勇奋战、几乎仅凭一己之力恢复金本位之时的主要经济顾问。

最后要致敬的是路德维希·冯·米塞斯不可战胜的精神,他每周都坚持在纽约大学开展自己的讨论班,在1969年春天,他作为美国当仁不让的最年长的活跃教授退休之前从未间断,那时他已87岁高龄,依然精神矍铄、精力充沛。

第九章　出　路

越来越多让人满怀希望的证据表明:路德维希・冯・米塞斯的思想和贡献几乎终生孤立的状态正在迅速终结。近年来,社会科学和政治领域转向错误方向所造成的内在矛盾和惨重后果已变得愈发明显。[1] 在东欧,共产党政府无力计划其经济已是众所周知,这导致了一场越来越浩大的自由市场转向运动。在美国和西方世界,凯恩斯主义和通货膨胀论者的秘方正显示重要的破产迹象。信奉"后凯恩斯主义"的美国政府无助地苦苦挣扎,以控制看似永无宁日的通货膨胀,即使在衰退期,通货膨胀也挥之不去,无情嘲讽着传统经济智慧。凯恩斯主义政策的崩溃,加上凯恩斯主义理论的明显缺陷,导致整个凯恩斯主义框架越来越如芒在背。政府支出和官僚统治导致的明显浪费,让凯恩斯著名的格言听起来格外刺耳:政府是把资源花在生产性资产上还是金字塔上根本无关紧要。国际货币秩序无助地走向崩溃,导致全世界的后凯恩斯主义政府在难以令人满意的"解决方案"之间从一场危机转向另一场危机:对法币实现浮动汇率,还是通过汇率管制实行会削弱外贸和投资的固定汇率?

我们必须在中央集权和干预主义危机的大框架里,从思想和行动两

---

[1] 对于学界广泛拒绝和忽视米塞斯的哲学解释,参见 Murray N. Rothbard, "Ludwig von Mises and the Paradigm for Our Age," *Modern Age* (Fall, 1971): 370-379.

个方面来看待凯恩斯主义的危机。在美国,现代中央集权"自由派"(liberalism)已表明自己无力应对它自己创造出来的危机:国家军事集团的冲突,公立学校的财政、内容、人员和结构,持续的通货膨胀与公众对苛捐杂税日益强烈的抵触之间的冲突。现代福利-战争国家的福利和战争都正在遭受日益严重的挑战。在理论领域,人们日益开始反抗这一理念:"科学"技术官僚组成的精英必须用其社会工程学把我们当原料统治。而政府可以而且必须采取强行手段,使不发达国家和发达国家都实现人为"经济增长"这一观点也越来越为人所诟病。

总之,在思想和行动的各个领域的所有地方,人们在幻想破灭后,用越来越猛烈的炮火批评米塞斯与之战斗终生的现代中央集权。人们不再愿意温顺地服从那些自称"至高无上"的统治者的法规和命令。但问题是,只有找到一种可行、连贯的选择,这个世界才能从中央集权的瘴气之中杀出一条路来。我们还没有完全意识到,路德维希·冯·米塞斯提供了这一选择:他为侵袭现代世界的危机和困境提供了出路。终其一生,他都在预言我们现在的幻想破灭,并为这一预言出示原因,且开辟了一条供我们遵循的建设性替代道路。因此毫不奇怪,在其辉煌人生的第九十二年,越来越多的人发现并接受了这条路。

在《自由与繁荣的国度》英译本(1962)的前言中,米塞斯写道:

> 三十五年前,我试图概括这种曾被称为自由主义的社会哲学的思想和原则,我并没有妄想自己的说明能阻止迫在眉睫的灾难发生,欧洲各国所采取的政策明显更重要。我想要达到的只是向少数有思想的人提供一个机会,去大致了解古典自由主义的目标,并因此为即将到来的崩溃之后复兴自由精神铺平道路。[1]

在致敬米塞斯的文章中,雅克·吕埃夫声称:

> ……路德维希·冯·米塞斯捍卫了理性经济科学的基础……通过他的教诲,他已经播下重生的种子,人们一旦开始更喜

〔1〕 Ludwig von Mises, *The Free and Prosperous Commonwealth*: *An Exposition of the Ideas of Classical Liberalism*, trans. by Ralph Raico (Princeton, N. J.: D. Van Nostrand, 1962), pp. vi-vii.

> 欢告诉他人真相的理论，而不是讨人欢心的理论，这颗种子就会结出果实。当那一天到来，所有经济学家都会认识到，路德维希·冯·米塞斯值得他们钦佩和感激。[1]

越来越多的迹象表明中央集权正在土崩瓦解，这的确正在导致一场重生，而米塞斯希望影响的有思想的少数人队伍也在快速壮大。如果我们真的处于复兴自由精神的起点，那么，这场复兴就是为纪念这位高贵、伟大的人物之生平和思想的无上丰碑。

---

〔1〕 Jacques Rueff, "The Intransigence of Ludwig von Mises," in Mary Sennholz, ed., *On Freedom and Free Enterprise*(Princeton, N. J.: D. Van Nostrand, 1956), p. 16.

第二篇 | 路德维希·冯·米塞斯：学者、创造者与英雄

本文意在讨论和颂赞 20 世纪一位伟大创造者的生平与著作。路德维希·冯·米塞斯出生于 1881 年 9 月 29 日奥匈帝国加利西亚地区的伦贝格市(现在的利沃夫)。他的父亲阿瑟·埃德勒·冯·米塞斯(Arthur Edler von Mises)是一位为奥地利铁路部门工作的维也纳建筑工程师，当时正驻扎在伦贝格。路德维希的母亲阿黛尔·兰道(Adele Landau)也来自维也纳的显赫家族：她的叔叔约阿希姆·兰道(Joachim Laudau)博士是自由党在奥地利议会的代表。

第十章　青年学者

虽然路德维希·冯·米塞斯是我们这个时代最出色的理论家,年少时的他感兴趣的却是历史,尤其是经济史和管理史。米塞斯上高中的时候,历史学派(Historical School)倡导的相对主义和历史主义正在德语国家大行其道。米塞斯对此十分反感。在早期对历史的钻研中,米塞斯沮丧地发现许多历史研究只是在重述政府的官方文件。年轻的米塞斯对历史研究中的国家中心倾向深恶痛绝。他想记录的是真正的经济史。对此,米塞斯在他的回忆录中写道:

> 对历史知识的强烈兴趣,让我迅速觉察到了德国历史主义的不足。它并没有在解决科学问题,而是沉迷于赞美普鲁士政府的政策,并为独裁政权开脱。德国的大学属于官方机构,教员都是公务员。教授们清楚自己工作的公共服务性质,也愿意把自己看作普鲁士国王的仆人。〔1〕

米塞斯在20世纪之交进入维也纳大学学习。他的专业导师——经济史学家卡尔·格伦贝格(Karl Grünberg)是德国历史学派的一员,他倡导中央集权,对劳工史、农业史以及马克思主义很感兴趣。格伦贝格同时

〔1〕 Ludwig von Mises, *Notes and Recollections* (South Holland, Ill.: Libertarian Press, 1978), p.7.

也是德国经济史学家乔治・弗里德里希・克纳普(Georg Friedrich Knapp)的追随者。克纳普认为货币纯粹是政府设计的产物。他的相关作品是这一观点的经典著作。科纳普在斯特拉斯堡大学的经济史中心与许多自己的学生一起从事研究。研究主题通常是农民是如何在不同的德意志诸侯国里从农奴制下解放出来的。格伦贝格教授希望在维也纳成立一个类似的中心,所以他安排自己的学生去调查在奥地利不同省份农奴制的废除情况。年轻的路德维希・冯・米塞斯被分配去调研自己的家乡加里西亚。米塞斯为这一研究所写的著作在1902年出版。后来再谈起这本书的时候,他感叹道,由于采用了科纳普・格伦贝格的研究方法,因此"这本书顶多记录了政府的政策措施,而不能算真正的经济史"[1]。三年后他出版了第二本关于奥地利儿童劳工法律的历史著作,这本书也存在同样的问题,被认为"好不了多少"。[2]

尽管他对历史学派倡导的中央集权和普鲁士主义心存芥蒂,但那时的米塞斯还没有接触奥地利学派的经济理论和自由市场经济自由主义。在大学的最初几年,米塞斯虽然很快拒绝了马克思主义的影响,但他仍然是一个自由左派(left liberal)和干预主义者。他加入大学里的社会科学教育社团,投身于实际中的经济改革。大学三年级的时候,米塞斯在尤金・冯・菲里波维奇(Eugene von Philippovich)教授的指导下调查了当地住房情况,并在随后一个学期中做了些刑法方面的研究,调查有关家佣的法律变化。在对这些问题进行深入研究的过程中,米塞斯开始意识到法律改革有时会适得其反,而工人生活条件的改善主要是借助资本主义的发展。

在1903年的圣诞假期前后,米塞斯阅读了卡尔・门格尔的著作《国民经济学原理》,并第一次开始接触奥地利学派的观点。他开始理解与自己先前观点完全相反的经济理论和自由市场的自由主义,再加上他亲身观察到干涉主义的无能,米塞斯的思想倾向发生了很大变化。

---

〔1〕 Mises, *Notes*, p. 6. 大约四十年前,伊迪丝・摩尔・林克(Edith Murr Link)在做相关问题的博士论文时,认为米塞斯的作品仍然是同类作品中最完善的。关于格林贝格的更多研究,参见 Earlene Craver, "The Emigration of Austrian Economists," *History of Political Economy* 18 (Spring 1987): 2.

〔2〕 这本书名为 *A Contribution to Austrian Factory Legislation*. Mises, *Notes*, p. 6.

米塞斯接下来推出了两本经济史著作,并在 1906 年获得了博士学位。此时,他遇到了行将困扰自己一生的问题:学术界拒绝给予他一个全职付薪的工作。令人不可思议的是,虽然米塞斯长期被迫从事政治经济学的应用研究,他依然凭其多产和才思,于知天命之年在经济理论和哲学方面获得了巨大的成就。总的来说,中年以前的米塞斯只能在业余时间钻研经济学理论,撰写他那些伟大且极富影响力的书籍和论文。要是他能像其他学者那样享受休假,而在工作时间全力钻研理论,他会做出何种成就?这个世界会有何种收益?米塞斯自己也说他在经济史和社会史上的研究计划往往受制于缺乏空闲时间。他伤感地说:"我一直没有机会来做这些研究。自从完成学业以后,我就找不到时间徜徉在文献和图书馆中做学术。"〔1〕

米塞斯的博士学位是在维也纳大学的法学院取得的,所以在 1906 年后的几年里,他在各种政府部门、商业机构和刑事法庭担任职员,并成为一家法律事务所的合伙人。除此以外,为了准备日后的教职,米塞斯开始在维也纳女子商业学院高年级讲课,教授经济学、宪法以及管理。他的这份兼职一直做到了 1912 年。〔2〕 那一年,他完成了人生第一本重要著作。然而,在大多数情况下,他投身于应用经济研究。米塞斯从 1909 年开始担任中央住房改革协会的经济分析师。他成为该协会在房地产税收方面的专家,并且发现奥地利极其恶劣的住房条件是对公司和资本利得征收的高税率造成的。米塞斯主张降低这些税收,尤其是对房地产的重税,他指出,这样并不会大幅降低租金,因为这样会提升房地产的市场价值,并因此刺激住房投资。米塞斯成功推动了房地产税的大幅降低。他在这个职位上一直做到了 1914 年,直到战争终止了住房建设。

从 1909 年到他二十五年后离开奥地利的这段时间,米塞尔的全职工作是在维也纳商会担任经济分析师。〔3〕 在奥地利,商会类似于"经济议会",由政府设立,代表由商人选举产生,由国家财政出资赞助。商会向政

---

〔1〕 Mises, *Notes*, pp. 6-7.

〔2〕 Margit von Mises, *My Years with Ludwig von Mises*, 2nd enlarged ed. (Cedar Falls, Iowa: Center for Futures Education, 1984), p. 200.

〔3〕 米塞斯在 1909 年加入的组织原名为奥地利工商业初级联合会。1920 年组织改名为维也纳商业、手工艺以及工业联合会。

府提供经济方面的建议，其权力的中心是代表大会，由各级地方和省份的商会代表组成，并配有相应的委员会。向商会和代表大会建言的专家会被召集到各级商会的秘书处。20 世纪，在维也纳商会（奥地利最重要的商会）秘书处工作的经济分析员都是奥地利政府重要的经济顾问。第一次世界大战晚期，米塞斯在商会半独立的位置上小有成就，成为当时政府主要的经济顾问，我们在下文会看到他为自由市场和稳健货币赢得了不少胜利。

第十一章　货币与信用理论

1903 年，著名货币经济学家卡尔·赫弗里希(Karl Helfferich)在其著作《货币》(*Money*)中向奥地利学派提出了一项挑战。他正确地指出，尽管伟大的奥地利学派经济学家，比如门格尔、庞巴维克以及他们的追随者们，在分析市场以及商品和服务的价值上(也就是我们现在所说的"微观经济学")颇有建树，但他们还未能真正解决货币问题。边际效用理论还没有被延伸到货币价值上。货币被继续放在"宏观"的大框架下，与效用、价值以及相对价格严格区分开——这与英国古典经济学的做法没什么两样。即便是通货学派的李嘉图和美国的欧文·费雪所著的作品，也仅仅是在"价格水平"和"流通速度"这样的加总概念上下苦功，完全忽略了对个体行动的微观分析。

要拓展奥地利学派的货币分析，需要克服一个看似不可逾越的障碍，即"奥地利学派循环问题"：对直接消费品来说，我们可以清楚地理解其效用，并进一步明白对商品的需求。消费者发现商品，衡量商品，并通过自己的价值尺度对商品排序。商品对于消费者的效用相互作用，形成市场需求。市场的供应由预估的市场需求所决定，两者相互影响，决定市场价格。但这个框架在分析货币的效用和需求上捉襟见肘。货币之所以有市场需求，个人之所以会在账户里持有货币，并不是为了存放本身，而只是为了在未来购买其他商品。货币与众不同的本质是它不能被消费,只能作为交换媒介,以便进行市场中的交换。因此,只有当货币在市场上有着事先存在的购买力、价值或者价格时,市场才能产生对它的需求。对于一切消费品和服务,需求在价格**之前**,需求决定价格。货币的价值尽管由需求决定,却存在于需求之前。事实上,我们对货币的需求是以货币已有既定的价值和价格为前提的。用需求的因果关系解释货币的价值似乎陷入了一个不可避免的循环论证。

1906 年,博士毕业的米塞斯决定应对赫弗里希的挑战。他的任务是将边际效用理论运用在货币上,以解决奥地利学派循环问题。他花费了大量时间和精力,全心投入对货币问题的经验和理论研究。米塞斯最初的研究成果是发表于 1908—1909 年的三篇学术论文,其中两篇发表于德国的期刊,一篇发表在英国的《经济期刊》(*Economic Journal*)上,讨论的是外汇管制和奥匈帝国的金本位制度。在写作期间,米塞斯逐渐树立起一个与当时的主流论调相悖的观点:货币膨胀才是贸易收支逆差的罪魁祸首,银行信贷不应该为了满足所谓的贸易需求而进行"弹性"变化。

米塞斯关于金本位的论文在当时极具争议性。他认为奥匈帝国在原则上可以回归到黄金兑换制度,并指出这是现存制度的必然逻辑结果。米塞斯的观点在通货膨胀、低利率以及低汇率支持者中掀起了轩然大波,同时遭到了奥匈帝国银行(奥匈帝国的央行)的强烈反对。银行副主席甚至暗示要给米塞斯一点小恩惠来缓和他的立场。几年以后,米塞斯从财政部部长庞巴维克那里得知了央行强烈反对金本位制度的原因:黄金的合法赎买很有可能使央行失去投资外汇的权利。长期以来,央行利用这些投资的利润积聚了一大笔隐蔽的非法公关基金用来向官员、政客和有影响力的记者行贿。银行害怕失去这项公关基金,进而指示它们的受贿对象——经济学杂志的出版人——坚决反对米塞斯的提议。

在这次事件以后,米塞斯决定不再揭露论辩对手的腐败之处,而专心辩驳对方的错误逻辑和论点。这项决定贯穿了他在奥地利的职业生涯。米塞斯将反对者视为值得尊敬的人和客观公正的学者,纵然是出于高尚和克制的立场,实际上起到了为腐败开脱的效果。至少,米塞斯在公共辩论中给了对手不应得的社会地位。假设公众得知政府干预经常伴随着腐败,那么中央集权者和通货膨胀论者就更容易被拉下"神坛",米塞斯一生中与中央集权者史诗式的搏斗也许会更加成功。总之,也许采取一个折中办法效果会更好:自由主义者可以既指出中央集权者在经济理论上的缺陷,**同时也**向大众揭示取消政府特权能带来的实际好处。[1]

1909 年,在完成了初步调查以后,米塞斯开始写作他第一部里程碑式的作品。该书在 1912 年以《货币与信用理论》的名字出版。自英国古典经济学派李嘉图将宏观经济理论与微观经济理论分离后,本书首次将宏观经济理论与微观经济理论再度统一,这是一个了不起的成就。自此,经济学作为一门整体性学科,终于可以用个体的行动进行按部就班的逻辑分析,并完美地将货币整合到市场经济和个体行动分析的整体框架中。

米塞斯的分析是建立在个体行动上的。他因而能够揭示货币数量论和欧文·费雪所提出的"交易方程式"的核心缺陷。货币数量论是当时英美学界的正统观点,缺点是其机械僵化的一面:货币量的增长并不像数量论者所想的那样,能在不影响相对价格的情况下自动将"物价水平"提高相应的百分比。恰恰相反,货币量的增长不仅会降低单位货币的购买力,而且会不可避免地**改变**相对收入和价格。这里,米塞斯展示了宏观经济和微观经济是如何相互交织的。通过关注个体行动和社会对货币的需求及选择,米塞斯不仅将货币理论与奥地利学派的价值和价格理论结合在一起,而且完全改造了原有的货币理论。通过将研究重心转移到研究个人选择,米塞斯修正了先前理论不切实际的,对总量之间的机械关系的关注。[2]

此外,米塞斯还让李嘉图和 19 世纪前半叶英国通货学派的独特观点重获新生:尽管货币作为一种商品,与其他商品一样由供需关系决定价格,但它有非常独特的一面。在相同条件下,消费品的供给增加,通常意

---

[1] 米塞斯写过关于黄金和外汇交易、庞巴维克的启示的文章,还阐述了自己的观点。详细请参见:Mises, *Notes*, pp. 43-53.

[2] 米塞斯十分强调现金余额的效用和人们对它的需求,这与阿尔弗雷德·马歇尔及其剑桥学派中的信徒庇古(Pigou)和罗伯特森(Robertson)不谋而合。不过两者之间还是存在着不同,马歇尔 k 值,即对现金余额的需求,是一个同费雪 v 值,即货币流通速度一样的集合概念,具有机械性的缺陷,所以剑桥学派的 k 值可以看作费雪 v 值的数学反演。米塞斯对现金余额需求这一概念的考虑,是基于个体需求的分析,因此不能以这种方式进行数学简化。

味着生活水平的提高,但货币与之截然相反。货币只具备一种功能,即在当下或者未来的某一刻,为货币持有者换来资本品或者消费品。货币并不会像消费品那样被吃掉或者用完,也不会像资本品那样在生产过程中磨损。货币量的增长只会减少单位货币的购买力,而不会造福社会。实际上,政府及其掌控的银行系统之所以倾向于增加货币供给,正是**因为**它们明白新增货币不会平均分到每个人头上;相反,新增货币往往先到政府自身和中央银行手上,再流入银行新贷款客户、政府服务承包商和政府官员手里。米塞斯指出,最早收到增发货币的人必然牺牲了他人来获益;而处于利益链末端、晚得到新增货币的人,或者那些依靠固定收入生活、没有收到新增货币的人必然是货币增发的受害者。从更深层的意义上看,货币膨胀是一种隐秘的税收和财富再分配手段,能将财富**从**大部分人手上转移**到**政府及其青睐的利益集团。米塞斯因此得出结论:一旦货币作为商品的地位在市场上得以确定,就不**再**需要人为地增加货币供给。这意味着任意货币供应量都是"最优的",而政府鼓动的货币增发可能带来危险后果。[1]

在否定费雪关于货币是一种价值尺度的观点时,米塞斯顺道对效用理论做出了重大贡献,纠正了门格尔和庞巴维克在奥地利学派效用分析上所犯下的错误。这两人的错误虽然不至于像杰文斯和瓦尔拉斯那样严重,但有证据表明,早期奥地利经济学家认为效用可以被衡量,或者认为商品的"边际效用"加在一起便是商品为社会提供的"总体效用"。

在这个问题上,米塞斯的观点受捷克经济学家弗朗茨·居赫尔的重要启示。居赫尔是庞巴维克研究生讨论班的一名学生,他认为,既然边际效用完全取决于个人主观,那它便是纯粹的喜好排序,没有任何理由对个人喜好做加减运算或是进行估值,更不用说不能在不同人之间进行比较。米塞斯进一步丰富了这个主题,揭示了所谓边际效用总和的"总体效用"这一概念的荒谬性。在衡量商品的边际效用时,我们只需要判断多加的

---

[1] 当黄金或其他有用的商品被当作货币,黄金库存的增加**确实**会为其非货币的使用带来相应的社会效益,比如现在就有更多的黄金被用于制造珠宝、工业或补牙等领域。只有在其被当作**货币**使用时,任何数量的黄金供给才能被当作是最优的。相比之下,当纸币成为货币本位时,就没有非货币用途可以使其供应量增加。

一部分商品所带来的效用。假如我们在考虑一箱鸡蛋的边际效用,那么将这箱鸡蛋的效用算成"每个鸡蛋的边际效用"之和是极不妥当的。在一箱鸡蛋和一个鸡蛋的对比问题上,我们只是在处理两个**大小不同**的商品而已。关于两种商品的效用之比,我们最多只能说一打鸡蛋的效用比一个鸡蛋的效用高,而无法说出高几倍、高出多少。效用只能排序,不能加、减、乘、除。米塞斯纠正了前辈错误的方法,这点与奥地利学派的基本方法论一致:永远将焦点放在个体的真实行动上,而不是偏离至机械的加总概念。[1]

假如居赫尔-米塞斯的先见之明能被纳入主流的效用理论中,经济学家在19世纪30年代晚期也就不用完全弃用边际效用理论,把它当作一个毫无希望的基数,以至于拥抱无差异曲线和边际替代率。此外,今天的微观经济学课本也不至于荒谬地讨论"效用"的复数形式这样一个测量和数学操作的虚构存在。

那么,对于著名的奥地利循环问题,米塞斯又有什么看法呢?实际上,米塞斯对这个问题的解答构成了他最重要的也是最被人们忽视的经济学贡献:回归定理。米塞斯发展了门格尔对货币取代物物交换的逻辑-历史解释,并且富有逻辑地证明了货币**只**可能由这种方式产生。由此,他解决了解释货币效用时遇到的循环论证问题。具体而言,循环问题指的是,在某个既定的时间点第 N 天,当时的货币价值(购买力)由两个因素决定:第 N 天的货币发行量和第 N 天的货币需求。这两者都是基于对第 $N-1$ 天的货币购买力做出的判断。米塞斯跳出这样的论证方式,准确地理解并抓住了货币价格推演的**时间维度**。当天的货币需求取决于**前**一天的货币购买力,因此又取决于前一天的货币需求。但这样的解释依然是循环论证,每一天的购买力都取决于当天的需求,从而取决于前一天的购买力,以此类推,向过去追溯源头是一个永远不可能结束的过程。因此,这样的逻辑仍不足以逃离循环论证。

---

[1] 关于相关讨论的更多细节,请参见:Murray N. Rothbard, *Toward a Reconstruction of Utility and Welfare Economics*(New York:Center for Libertarian Studies, [1956] 1977), pp. 9-15. 弗朗茨·居赫尔贡献的观点请参见:Franz Cuhel *Zur Lehre von den Bedürfnissen* (Innsbruck, 1906), pp. 186ff. 庞巴维克反驳居赫尔的尝试请参见:Eugen von Böhm-Bawerk, *Capital and Interest*(South Holland, Ⅲ.:Libertarian Press, 1959), Ⅲ, pp. 124-136.

但米塞斯的高明之处在于指出奥地利学派在货币问题上的逻辑推导并**不是**无穷无尽的。米塞斯认识到，货币在某个时刻必然只是物物交换体系下的非货币商品。让我们假设在第 1 天，某种商品开始扮演交换物的角色（也就是"货币"）。在那个时刻之前的第 0 天，这种商品（假设是黄金）尚不是交换物，只是物物交换体系下的直接商品。货币价值产生的因果链条从第 *N* 天开始向前溯源，一直到第 1 天为止，然后从第 1 天向第 0 天推导。第 1 天的黄金需求由第 0 天的黄金购买力决定，而在第 0 天的黄金需求只与当天黄金在用于消费时的直接价值有关。自此，我们的逻辑溯源就达到了尽头：第 0 天的货币价值不用再涉及任何过去的因素（比如前一天的货币价值）。

除了确定了货币价值或购买力的决定因素，并且解决了奥地利学派的循环论证问题，米塞斯还阐明了货币的特殊性——货币价值的决定因素需要从历史的角度考虑。回归定理还说明，在任何社会，货币能从物物交换中脱颖而出并确定其地位的过程，只有在市场中才可能发生。货币**不可能**产生自社会契约、政府强制或经济学家人为地提出的计划。货币只能从市场中"自发"地产生。[1]

理解米塞斯的回归定理有助于我们认清许多不可行的计划：有的是奥地利学派和半奥地利学派经济学家提出的，计划凭空创造新货币或通货单位，例如，哈耶克就曾提议使用"达卡金"（ducat）；有的是计划将记账单位与交换媒介分开。

米塞斯除了将货币理论和一般经济学理论结合在一起，并将其放在个体行动的微观基础之上以外，还在《货币与信用理论》中改进了当时对

---

〔1〕 回归定理的阐述参见：Ludwig von Mises, *The Theory of Money and Credit*, 3rd ed. (New Haven, Conn.: Yale University Press, 1953), pp. 108–123. 米塞斯之后还回应了关于这一定理的批评，参见：*Human Action*(New Haven, Conn.: Yale University Press, 1949), pp. 405–413；回应吉尔伯特和帕廷金的批评，参见：Rothbard, *Toward a Reconstruction*, p. 13, and Rothbard, *Man, Economy and State* (Princeton, N. J.: D. Van Nostrand, 1962), I, pp. 231–237, and esp. p. 448. And Rothbard, "The Austrian Theory of Money" in Edwin Dolan, ed., *The Foundations of Modern Austrian Economics* (Kansas City: Sheed and Ward, 1976), p. 170. 关于回归定理的最新讨论，以及对莫斯批评的回应，参见：James Rolph Edwards, *The Economist of the Country: Ludwig von Mises in the History of Monetary Thought* (New York: Carlton Press, 1985), pp. 49–67.

银行业的分析。他重拾了李嘉图-通货学派的传统,进一步说明了废除通胀性部分准备金信贷的合理性。米塞斯区分了银行承担的两大功能:将存款转化成生产信贷(“商品信贷”)的作用,以及作为货币仓库保管现金的作用。两者都合法,且不会造成通货膨胀。但是,一旦货币仓库(银行)发行虚假的存储回执(钞票或活期存款),将那些根本不存在于银行保险柜中的资产变为现金(“信用贷款”),这些没有硬货币支撑的信用就会扩大货币的供给并造成通货膨胀。米塞斯因此赞同通货学派的看法,认为银行的债务必须有100%的现金保障。他指出,英国根据通货学派原则制定的1844年《皮尔法案》(Peel' s Act)只要求为市面流通的钞票准备100%的准备金,而没有看到活期存款其实是现金的替代品,可以看作货币供给的一部分,所以有违制定者的初衷。在米塞斯成书的年代,大部分经济学家仍然没有认识到这一点。

不过,米塞斯并不指望政府会推行100%准备金制度,因此他提倡依靠自由银行制度来实现这一理想。《货币与信用理论》指出,协调和推动银行信贷增长的始作俑者是各个国家的央行,因为它们有中央储备,能够为陷入困境的其他银行救急,并确保所有银行一同增长信贷。在C. A. 菲利普斯(C. A. Phillips)那篇著名表述发表的八年前,《货币与信用理论》就已经表明个体银行很难有扩张信贷的空间。

但是事情还没有结束。米塞斯在其货币和银行理论的基础上继续钻研,开创了后来闻名于世的奥地利学派商业周期理论。米塞斯将这个理论与一般微观经济学结合在一起,并在分析个体行动的基础上开拓创新。这个雏形在1924年的第二版《货币与信用理论》中得到了进一步发展。

首先,米塞斯巧妙地在银行活动中辨认出了两个几乎雷同的过程:(1)银行扩大信用,就必然面对存货紧缩和兑现需求的增加;(2)所有银行在央行的指示下增加货币供给,提高信用,从而为休谟-李嘉图的价格-铸币流动机制提供了足够的生成时间。随着信用和货币供给的增长,收入和价格上升,黄金开始流向国外(例如,通过国际收支逆差),从而导致银行和信用崩溃,银根紧缩,价格下降,现金流动的方向重新指向国内。米塞斯不仅发现这两个过程大体相同,而且第一个勾画出了繁荣-萧条周期的原始模型。模型中,繁荣由货币增发所产生并推动,“创造”出的银行信用先是促成增长,进而被迫紧缩。

19 世纪 20 年代,米塞斯在三大前人观点(通货学派的繁荣-萧条周期模型、瑞典"奥地利学派经济学家"克努特·维克赛尔对"自然"利率与银行利率的区分,以及庞巴维克的资本与利息理论)的基础上构思了自己的商业周期理论。米塞斯的卓越贡献在于,他把之前毫不相关的分析联系在一起,并且说明了如下事实:不管是往经济中注入货币,还是将商业贷款的利率降低至市场的时间偏好以下,任何虚高甚至凭空创造出的银行信用都不可避免地导致远离消费者的资本品行业中不良投资过度。通胀性银行信用繁荣越是持续增长,资本品行业中不良投资的规模越是扩大,清算这些不良投资的需求也就越大。一旦信用扩张停止或转向,甚至只是大幅减缓,不良投资不可持续的问题就会显现。米塞斯笔下的经济衰退并不是一个陌生的、无法解释的不正常现象,而是一个市场经济中的必要过程。市场经济需要清算那些繁荣时期造就的不良投资,让市场回归正确的消费-投资比例,以便更有效地满足消费者的需求。

因此,与干预主义者和中央集权者不同的是,米塞斯不赞同政府必须抗争自由市场资本主义内在机制造成的经济衰退。他的观点恰恰相反:政府必须停止干预经济衰退,只有这样,衰退期才能纠正政府制造的通胀性繁荣期所造成的扭曲。

尽管《货币与信用理论》中的贡献光彩夺目,米塞斯却感到沮丧。他构建了货币与信贷理论,并首次将其整合进一般经济理论。他同样发现一般理论本身也需要修正,他原本打算与他的新货币理论一起提出修正后的直接交换和相对价格理论。他还希望对经济学中新潮的数学方法提出彻底批评。但他不得不把自己综合正面理论和批评数理经济学的宏伟计划暂且搁置,因为他正确地意识到,一场世界大战迫在眉睫。正如米塞斯所写,在接下来悲惨的世界大战中,

> 如果我可以抽出时间安心地工作,我会在第一卷从直接交换理论开始写,然后是间接交换理论。但事实上,我只得从间接交换理论开始写,因为我相信,我的时间不多了。我知道我们处

在大战前夕，我想在战争爆发前完成自己的著作。[1]

直到20世纪40年代，靠着《经济学》(1940)及其大幅扩充后的英文版著作——《人的行动》(1949)，米塞斯才得以完成自己对经济理论的宏伟重建，从而使其经济理论达到登峰造极的地位。

---

〔1〕 Mises, *Notes*, p. 56.

第十二章　米塞斯及其《货币与信用理论》的反响

《货币与信用理论》并未获得它应有的礼遇。不出所料,施穆勒主义历史学派主导的德国经济学界对这本书关注甚少。连奥地利学派学者也对米塞斯的天才创新充耳不闻。在那时,米塞斯多年来一直是欧根·冯·庞巴维克在维也纳大学著名的讨论班的忠实成员。在《货币与信用理论》出版之后,庞巴维克讨论班花了整整两个学期来讨论米塞斯的著作。他们一致彻底拒绝了米塞斯的贡献。庞巴维克承认米塞斯的逻辑及其一步步进行的分析是正确的,因此,他并没有否认货币供应的变化不是简单地等比例增加全部物价。与此相反,货币对价格体系而言不可能是"中性的",货币供应的任何变化都必然会改变相对价格和收入。庞巴维克承认这些观点,但他随后背叛了奥地利学派方法论的精髓,声称这一切都可以当作"摩擦"而愉快地忽略。正如米塞斯所言:

据他【庞巴维克】所说,旧学说"在原则上"是正确的,并对针对"纯经济行为"的分析继续保持其完整的意义。在现实生活中存在的阻力和摩擦造成结果偏离理论上得出的结果。我试图说服庞巴维克,借用力学的比喻是不可行的,却徒劳无功。[1]

在庞巴维克和追随他的奥地利学派经济学家未能理解并且拒绝了与实证主义方法截然相反的米塞斯“行动学”(指他的如下认识:为了避免给理论带来无法根除的错误和谎言,演绎理论的每一步都必须正确),还摒弃了米塞斯把货币纳入一般理论的整合(施穆勒主义者和实证主义者也同样对此不屑)的情况下,米塞斯仍然毫无怨言地走上了开创一条全新的“新奥地利”经济思想学派的孤独之路。

不管你是否同意,路德维希·冯·米塞斯显然是一位重要的创新经济学家,当然配得上一个维也纳大学的学术职位。诚然,作为《货币与信用理论》的结果,米塞斯在1913年被任命了一个维也纳大学教授[2]的职位,但它只是一个不付薪水、只享有称号的私人讲师职位。在接下来的二十年里,米塞斯虽然在大学里授课并且把每周的讨论班主持得非常成功,但他从来没有得到一个付薪的大学教职,因此不得不继续担任商会的全职经济学家,并担任国家的主要经济顾问。他仍然没有闲暇去毫无阻隔地追求自己在经济理论上才华横溢的创造性工作。

与许多人一样,米塞斯的职业生涯在第一次世界大战中被迫中断。头三年,米塞斯作为炮兵军官奋战在前线。最后一年,他在战争部的经济司任职。在那里,他写了一些外贸方面的期刊论文,继续反对通胀,并为少数族群的民族和文化自由出版了《民族、国家和经济》(*Nation*, *Staat*, *und Wirtschaft*,1919)一书。

战争结束后,教职的问题彻底显露。维也纳大学提供了三个付薪的经济学教席;战前,这三个位置分别由庞巴维克、他的小舅子弗里德里希·冯·维塞尔和尤金·冯·菲里波维奇占据。庞巴维克在开战后没多久就悲惨地去世。菲里波维奇战前就退休了,而维塞尔紧随其后,战后没多久也退休了。第一个空缺被米塞斯过去的老师卡尔·格伦贝格补上,但格伦贝格在20年代初就辞职去了法兰克福大学从事教学工作。所以对于维也纳大学的三个空缺,普遍猜测米塞斯能够得到其中的一个。确

---

〔1〕 Mises, *Notes*, p. 59.

〔2〕 罗斯巴德原文所用的词是professor,但这里的“教授”意思是“教授课程的人”,理解为“老师”更好,这点与现在中文里通常理解的教授不太一样。——译者注

实,依照任何学术标准,米塞斯得到教职是实至名归的事。

格伦贝格的教席给了另一个历史学派人物——费迪南德·德根菲-琼博格(Ferdinand Degenfeld-Schönburg)伯爵,一个"彻底的无名之辈"(弗里茨·马赫卢普)。他在这个职位上唯一够格的地方是他的贵族头衔和他那"在战争中毁容的伤"。[1] 接替维塞尔和庞巴维克的另两个教席——都是为理论家准备的——情况又如何呢?尽管米塞斯的创新未被正统奥地利学派经济学家[2]接受,但他显然仍是伟大的奥地利学派传统的优秀传承人。大家都知道他是一位优秀的教师,而他发表于1920年关于传统社会主义计划经济条件下经济计算不可能性的开创性期刊论文是有史以来对传统社会主义计划经济发起的最重要的理论批判。不仅如此,它同样被整个欧洲大陆的社会主义者所承认,他们努力了近20年,试图反驳米塞斯的挑战性批评,但始终未能成功。

但是米塞斯从未被选上过任何一个付薪的学术职位。连续四次,他在选择中被直接跳过。他竞争的两个理论研究的职位分别给了以下两人:(1)在德国受教育的奥地利有机论社会学家奥斯马·斯潘(Othmar Spann),他很少因经济学而被人所熟知,倒是不久之后成了奥地利最重要的法西斯主义理论家;(2)维塞尔亲自挑选的继承人汉斯·迈耶(Hans Mayer),尽管他也对奥地利学派的效用理论做出了贡献,却不能与米塞斯同日而语。此外,迈耶强烈反对米塞斯的自由放任自由主义结论。在欧洲战火点燃之前,维也纳大学的全体教授开始用动物园的规矩做事,斯潘和迈耶暗中互相针对对方,他们也针对作为私人讲师位于学术图腾柱底层的米塞斯。迈耶在学生面前公开羞辱斯潘,并且,如果他俩一起进入房间的话,迈耶常常会当着斯潘的面摔门。而斯潘呢,在一个日渐反犹的环境中,变得越来越反犹。他在秘密教职工会议上谴责对犹太学者的任命,也抨击迈耶对这种任命的支持。另一方面,迈耶设法适应了奥地利1938年的纳粹上台假设,并带领教职工大张旗鼓地投身纳粹事业。实际上,迈

---

〔1〕 Craver, "Emigration," p. 2.

〔2〕 现在的"正统奥地利学派经济学家"或许是指米塞斯主义者,但在当时,所谓正统指的是庞巴维克主义者。——译者注

耶告知纳粹，斯潘不够亲纳粹，结果斯潘被纳粹逮捕和折磨。[1]

在这种“臭气熏天”的气氛中，也难怪米塞斯会报告说斯潘和迈耶歧视他的学生，他们只得在不注册的情况下参加米塞斯的研讨班，并且“也让那些想和我一起写论文的社会科学博士生处境艰难；那些想获得大学授课资格的人不得不小心翼翼地不让人知道自己曾做过我的学生”。注册了米塞斯的讨论班而没有注册他竞争对手之一的讨论班的学生，被经济学系的图书馆拒之门外；但米塞斯自豪地指出，他自己在商会的图书馆比经济学系的图书馆“不知道高到哪里去了”，所以至少这种限制没有给他的学生造成麻烦。[2]

在采访过米塞斯的朋友和学生之后，爱莲娜·克雷娃(Earlene Craver)指出米塞斯未能入围教授席位的提名，是因为有三股力量在反对他：(1)他在政策上是坚定的自由放任主义者，这点很快就成了社会主义者的靶子，无论这些人是左派的马克思主义者还是右派的社团主义-法西斯主义者；(2)他是个犹太人，身处一个日益反犹的国家；[3] (3)他个人拒绝妥协，在原则问题上不愿意做出让步。米塞斯的学生F. A.哈耶克和弗里茨·马赫卢普总结道：“虽然米塞斯的成就之大可以让人忽视这三条缺点中的两条，但还是没法让人完全无视全部三条缺点。”[4]

但我相信，这种可耻的对待还存在另一个克雷娃没有提到的重要原因，虽然这点看起来可能并不明显，米塞斯却在自己的回忆录中有所暗示。门

---

[1] 在第二次世界大战后，迈耶将继续他的毫无原则的机会主义生涯。当俄罗斯人占领维也纳时，他们理所当然地想逮捕迈耶，但迈耶掏出了自己的共产党员证，并向俄罗斯人保证，他一直都是他们那边的。当盟军取代俄罗斯人，迈耶准备好了他的社会民主党党卡，并毫发无损地再次逃脱。

[2] Mises, *Notes*, p. 95.

[3] 卡尔·波普尔回忆在20年代的维也纳，“任何有着犹太血统的人都不可能成为大学老师。”马赫卢普是米塞斯非常卓越的学生和追随者，但同时也是犹太人，因此被拒绝授予任教资格，这项资格相当于二分之一的博士学位，并且是在维也纳大学作为一名私人讲师教书的门槛。与他形成鲜明对比的是米塞斯其他三位获得任教资格的学生：哈耶克、哈伯勒和摩根斯特恩，他们都不是犹太人。

马赫卢普回忆说，任教资格的投票需要三个全职教授中的一个的支持。迈耶反对他，因为他嫉妒米塞斯和米塞斯的门徒们。斯潘和德根菲-琼博格(Degenfeld-Schönburg)出于反犹太原则而拒绝为马赫卢普投票。Craver, “Emigration,” pp. 23–24.

[4] Craver, “Emigration,” p. 5.

格尔和庞巴维克都不把学术舞台视为一个有待征服的政治战场，这与他们飞黄腾达的敌人（比如施穆勒和卢约·布伦塔诺，甚至是维塞尔）截然不同。因此，不像他们的对手，他们拒绝提拔自己的门徒或追随者，或是阻止对他们的敌人的任命。事实上，庞巴维克甚至更进一步督促对自己和奥地利学派的死敌的任命。这种奇怪的自我克制形式有助于破坏对米塞斯的或任何类似的学术任命。门格尔和庞巴维克显然坚持着天真的观点：真理无须帮助也总是会胜出，而没有意识到，在学术或者任何其他舞台上，真理都很难靠这种方式取胜。真理必须被促进、组织并向错误争取。即便我们能保持信心，认为真理不靠战略或战术上的帮助也会在长期胜出，遗憾的是，在难以忍受的长期里，我们都死了，当然这也包括米塞斯。然而，门格尔采纳了毁灭性的战略观点："一种科学观点的最终胜利只能靠一种确定的方法：让每一个相反的命题自由而彻底地表达自身。"[1]

不提教职，20年代米塞斯的观点、声望和作品，在奥地利和欧洲的其他国家声名鹊起。不过由于《货币与信用理论》直到1934年才被翻译成英文，他在英语国家的影响有限。美国经济学家小本杰明·M. 安德森（Benjamin M. Anderson, Jr.）是第一个称赞米塞斯作品的英语作家，这在他1917年的《货币价值》（*The Value of Money*）中有所提及。米塞斯影响英美学界的机会直到30年代早期才来临。当时，年轻的凯恩斯正担任英国经济学重要学术期刊《经济学杂志》的主编。要不是他带着轻视口吻、完全不着调的书评，《货币和信用理论》原本可以有更大的影响。凯恩斯写道，这本书做出了"巨大的贡献"，因为它"最大限度地使人豁然开朗"【不清楚什么意思】。凯恩斯还写道，作者"博览群书"，但又在结尾处表示失望，因为他觉得这本书没有"建设性"和"原创性"。这个评论实在令人挠头：不管评论者以为《货币与信用理论》是好是坏，这本书都极具建设性和系统性，其中新颖的观点层出不穷，这些都是事实而非价值评价。这么看来，凯恩斯的反应着实令人费解。不过十五年后，凯恩斯在他的《货币论》（*Treatise on Money*）一书中指出，"对于德语著作，我只能清楚地理解我之前就已知道的观点——外语的难度使得新观点与我之间隔了一层

[1] Mises, *Notes*, p. 38.

纱”。谜团就此解开。凯恩斯的所有特点都在这件事里得到了体现:他傲慢得令人咂舌,厚颜无耻地评论自己仅一知半解的外文书,然后宣称这本书里没有任何新观点。[1]

〔1〕 凯恩斯的书评参见:*Economic Journal* 24, pp. 417-419. 他承认的细节请参见:*A Treatise on Money*(London, 1930), I, p.199, n. 2. 哈耶克在评价凯恩斯的时候非常特别地忽略了他的自大,并且把这一插曲当作学习上的缺漏,他总结道:“如果凯恩斯爵士的德语更好一点的话,世界上可能会有更多的苦难得到拯救。”凯恩斯的问题不仅仅局限于他不懂德语! Hayek, “Tribute to Ludwig von Mises,” in Mises, *My Years*, p. 219.

第十三章　20世纪20年代的米塞斯:政府的经济顾问

刚从战争服役中回来,米塞斯就在1918年恢复了自己在大学里的无偿教学工作以及经济学讨论班。米塞斯写道,他只能在商会继续工作,因为付薪的大学教职对他是关闭的。尽管实际上"我【并不】渴望政府部门的职位",尽管他已有教学工作并在闲暇时间致力于创造性学术工作,作为经济学官员,米塞斯还是全情投入、能量满满并快速完成了许多任务。[1] 战后,除了在商会的职位,米塞斯还被聘为战后临时政府处理战前债务办公室的领导。年轻的F. A. 哈耶克虽然参加过米塞斯在大学的课,首次结识米塞斯时却是作为他在债务办公室的下属。哈耶克写道,"在那里我才基本上认识他,他执行力极为高效,就像约翰·斯图亚特·穆勒所说的那种人,因为他在两个小时里就完成了一天的日常工作,桌子上总是干干净净,有时间谈任何事。我才知道他是一个据我所知受过最好的教育并且学识最为渊博的人……"[2]

许多年后,米塞斯及其特有的魅力和文雅的智慧让我联想起他被奥地利政府任命为战后短期贸易谈判代表,与匈牙利布尔什维克库恩·贝拉(Bela Kun)政府谈判时的事。库恩政府的代表是后来在美国成为著名

---

[1] Mises, *Notes*, p. 73.

[2] Hayek, in Mises, *My Years*, pp. 219–220.

左翼经济史学家的卡尔·波兰尼(Karl Polanyi)。米塞斯眼里闪烁着光芒,告诉我,"波兰尼和我都知道,库恩政府将在短期内垮台,所以,我们都设法拖延'谈判',这样波兰尼就可以在维也纳继续舒服地待着。我们在维也纳有许多令人愉快的散步时光,直到库恩政府走向其必然的归宿"[1]。

匈牙利并不是唯一一个在第一次世界大战的悲剧和混乱后果中暂时走向布尔什维克的政府。在一片失败的混乱中,中欧和东欧的许多国家受到激发和诱惑,追随俄国布尔什维克革命。德国的一部分也走向了布尔什维克一段时间。在缩减后的新生小国奥地利,情况同样危险,在1918—1919年悲惨的冬天里,它仍然备受协约国食品封锁的煎熬。马克思主义社会民主党主导着政府,而才华横溢的"奥地利马克思主义"理论家奥托·鲍尔是他们的领袖。在某种深远意义上,奥地利的命运取决于奥托·鲍尔。

鲍尔是一个富有的波西米亚北部制造商的儿子,他的高中老师使他转而追随了马克思主义,并且毫不气馁、热情满满地将其一生致力于激进的马克思主义事业。他决心永不像许多马克思主义者过去所做(将来还会继续做)的那样,为了任何形式的修正主义和机会主义而背叛该事业。鲍尔参加了庞巴维克伟大的讨论班,决定运用他即将学到的知识,就庞巴维克对马克思主义劳动价值论的著名破坏,写出马克思主义的最终反驳。在讨论班的学习过程中,鲍尔和米塞斯成了亲密的朋友。鲍尔最终放弃了尝试,实际上是向米塞斯承认了劳动价值论确实有待进一步验证。

现在,鲍尔计划把奥地利带入布尔什维克阵营,米塞斯作为政府的经济顾问,并且首先是一位祖国的公民和自由的拥护者,与鲍尔及其同样致力于马克思主义的妻子海伦·贡普洛维茨(Helene Gumplowicz)促膝长谈了一夜又一夜。米塞斯指出,奥地利的食品已经严重匮乏,一个维也纳的布尔什维克政权将不可避免地被协约国切断食品供应,在随后的饥荒中,这样的政权维持不了几周。最后,米塞斯勉强说服了鲍尔接受这个不容置疑的事实,并做了他们曾经发誓永远不会做的事情:向右转。

从那时起,激进的马克思主义者把鲍尔唾骂为叛徒,鲍尔则把怒火转

---

[1] 在战争爆发前三年,米塞斯在为商会工作时就研究了与匈牙利的贸易关系,所以是高度称职的。Mises, *Notes*, pp. 75-76.

向了他们认为应该为此行动负责的人:路德维希·冯·米塞斯。鲍尔试图撤除米塞斯在大学的职务,并且,从那时起,他们再没有和对方说过话。有趣的是,米塞斯认为是他自己一手阻止了布尔什维克掌权。无论是保守党派、天主教会,还是商人或经理团体,都没有为他的反对工作提供帮助。米塞斯痛苦地回忆道:

> 每个人都如此坚信布尔什维主义的到来是不可避免的,所以他们关心的只是如何保证自己在新秩序中占据有利地位。天主教会及其追随者基督教社会党(Christian Social Party)已经准备好迎接布尔什维主义——这些大主教和主教在二十年后以同样的热情欢迎了纳粹主义。银行董事和大实业家则希望以布尔什维克主义下的"经理"身份,过上优越的生活。[1]

如果说米塞斯在阻止奥地利的布尔什维主义上大获成功的话,那他作为政府经济顾问的第二个伟大任务——打击战后的银行信贷通胀,就仅仅是部分成功了。有了他在货币和银行上的伟大洞察力和专业知识,米塞斯在反对历史潮流并阻止现代通货膨胀和廉价货币风气——在第一次世界大战期间,交战的所有欧洲国家都放弃了金本位,这充分助长了这种迫切要求——上有着异乎寻常的强大装备。

反对廉价货币和通货膨胀,并要求平衡预算和停止一切银行券增发是一项吃力不讨好的任务,米塞斯在这项任务中得到了他的朋友威廉·罗森伯格(Wilhelm Rosenberg)的帮助,他是卡尔·门格尔以前的学生,也是一位著名的律师和财务专家。因为米塞斯和罗森伯格,奥地利没有走向在1923年肆虐德国的灾难性恶性通货膨胀。然而,米塞斯和罗森伯格仅仅是成功减缓和推迟了通货膨胀的影响,并没有消灭它。由于他们的英勇努力,奥地利克朗在1922年稳定在14 400纸克朗兑换1金克朗,虽然贬值严重,但尚未失控。然而,米塞斯写道,他们的"胜利来得太晚了"。通胀的破坏性后果延续,资本被通货膨胀和福利国家计划消耗,而银行终

---

〔1〕 米塞斯指出,这名男子被誉为奥地利最好的产业经理,并且是一家领先的银行(*Bodenkreditanstalt*)的产业顾问,他在米塞斯面前向奥托·鲍尔保证,相比服务股东,他真的更喜欢服务"人民"。Mises, *Notes*, p. 18, pp. 16-19, 77. 而这家银行在1931年的倒闭是为了缓解欧洲银行危机和大萧条。

于在1931年崩溃——米塞斯的努力把它推迟了十年。

为了继续自己不可动摇的反通胀战役,米塞斯和罗森伯格开始寻求政治盟友,并设法确保基督教社会党,特别是其领袖伊格纳兹·塞佩尔(Ignaz Seipel)神父的勉强支持。在塞佩尔于1922年同意稳定克朗之前,米塞斯和罗森伯格警告他,对通货膨胀的每次阻碍,结果都是"稳定衰退"(stabilization recession),而他必须准备好在不可避免的衰退发生时,接受公众的抱怨。遗憾的是,基督教社会党把它的金融事务交到了戈特弗里德·孔瓦尔德(Gottfried Kunwald)律师手上,他是一个喜欢舞弊的政客,会掩护亲近的政客和商人得到有特权的政府合同。虽然孔瓦尔德私底下认为米塞斯是对的,并且在稳定后延续通胀政策已经开始导致灾难,但他坚持要米塞斯作为政府经济学家对现实情况保持沉默,以免银行的情况吓到公众或国外市场。而且,特别是这样,孔瓦尔德就不会失去他在采购许可和政府合同上对其客户的影响力。米塞斯的确处于一个压抑的局面之中。在1926年,米塞斯创办了奥地利商业周期研究所。四年后,为了调查奥地利的经济困难,米塞斯成了富有名望的政府经济委员会委员。米塞斯为研究所准备了一份给委员会的报告,显然,银行正处于崩溃的边缘,而奥地利正在灾难性地消耗资本。银行当然反对委员会或研究所发布该报告,从而危及自己本已摇摇欲坠的地位。在他对科学真理的热爱和努力尽可能长久地巩固现有体系的任务之间,米塞斯左右为难。因此,作为妥协,他同意委员会和研究所都不发布该报告,而这份会造成损害的报告将以研究所总监奥斯卡·摩根斯坦(Oskar Morgenstern)个人的名义出现。

在这种沉重的压力下,也难怪威廉·罗森伯格会在绝望的形势中被逼死;米塞斯却在勇敢地战斗,而当奥地利银行在1931年终于不可避免地灭亡时,他几乎是得到了一种解脱。[1]

米塞斯的话完全适用于他反对通胀的战斗,也适用于他们本来表达

---

〔1〕 Mises, *Notes*, pp. 77-83. 米塞斯写道,鉴于他在货币和银行业的声誉,几家大银行都为他提供了董事会的职位。他补充说,"在1921年前,我拒绝的原因是他们拒绝保证将遵循我的建议;1921年后,我拒绝的原因是我认为所有银行都会破产并不可避免地造成损失。活动让我厌烦。同上, p. 73.

的他反对纳粹最终占领奥地利的漫长而失败的斗争：

> 十六年来，我在商会艰苦奋战，赢得的却只是推迟了灾难的降临。其实我始终明白自己已无力回天，但我还是做出了巨大的个人牺牲。我并不后悔自己尝试了不可能完成的任务。我别无选择。我奋力作战，只因我必须如此。〔1〕

米塞斯经常因顽固和不妥协而被人指责。在其回忆录的一个感人段落里，米塞斯回顾了他担任政府顾问的生涯，却自责于相反的错误——妥协太多：

> 有时，人们责备我在陈述自己的观点时过于直率和顽固，他们对我说，如果我更愿意妥协，本可以取得更大的成就……我觉得这种批评是没有道理的。我只在如实呈现自己看到的情况时，才会充满力量。今天，当我回顾自己在商会的工作时，我唯一感到遗憾的就是我愿意妥协，而不是我的顽固。只要我可以挽救其他更重要的事，在一些细枝末节上我总是做好了投降的准备。有时我甚至会做一些智识上的妥协，签署一些并不代表自己立场的报告。这是保证一些我认为重要的报告获得商会代表大会接受或者民众批准的唯一可行方式。〔2〕

---

〔1〕 Mises, *Notes*, pp. 91–92.

〔2〕 Mises, *Notes*, p. 74.

第十四章　20世纪20年代的米塞斯:学者和开创者

布尔什维克革命,以及第一次世界大战之后日益增长的社团主义情绪,逐渐将社会主义由乌托邦似的幻想和目标转化为日益壮大的现实。在米塞斯思想的"探照灯"投射到这一话题之前,对社会主义计划经济的批评局限在道德和政治范畴。但是米塞斯在他(1919年)递交给经济学会(Nationalökonomisch Gesellschaft)的一篇论文中讨论了这个问题,提出了对计划经济最具毁灭性的反驳意见:在传统的社会主义国家中,经济计算是不可能的。次年,米塞斯的论文以"社会主义国家中的经济计算"(Die Wirtschaftsrechnung im sozialistischen Gemeinwesen)为题发表在了《社会科学与社会政策文献》(*Archiv für Sozialwissenschaft und Sozialpolitik*)上。对于思考型的社会主义者来说,米塞斯理论带来的震撼是千真万确的。因为米塞斯指出,在计划经济中,生产手段没有真正的价格体系可依靠,所以计划制订者无法理性地计算成本、利润或资源的生产力,更无法在现代的复杂经济中理性地分配资源。因为理性地计划和分配资源要求有经济计算的能力,而这样的计算反过来需要资源价格在自由市场中得到确定,这个价格又是私有财产所有者间进行交换产生的。但是,由于社会主义计划经济的标志是政府和集体拥有(至少是控制)所有人力以外的生产手段,包括土地和资本,这也就意味着社会主义计划经济无法计算或者理性地计划一个现代的经济体制的运行。

米塞斯的文章内容深刻,犹如在欧洲的社会主义者中投下了一枚重磅炸弹,尤其是在德语国家。在接下去的二十年间,他们前赴后继地尝试解决米塞斯提出的问题。20 世纪 30 年代末,社会主义者自信地宣称他们运用数理经济学解决了米塞斯的问题。但问题是,他们所使用的新古典主义经济学的完全竞争理论和一般均衡理论的基础是完全不切实际的。这点在奥斯卡·兰格(Oskar Lange)和阿巴·P. 勒纳(Abba P. Lern)的构想中尤其明显。他们设想让中央计划委员会命令各家“社会主义公司”的经理,从而使它们能够在市场上“过家家”,形成市场价格。在 1922 年出版的《社会主义》一书中,米塞斯更深入地探讨了自己在期刊文章中提出的观点,并发表了自己对计划经济最为完整的批评。之前那篇会议论文直到 1935 年才被翻译成英文,而这本《社会主义》更是在 1936 年才被翻译。哈耶克还在其中添加了更详细的说明和其后发展的观点。最后,米塞斯在 1949 年出版的里程碑式作品《人的行动》中给了计划经济者致命一击。

虽然社会主义在 20 世纪 40 年代的知识分子中如日中天,官方的课本甚至裁定兰格和勒纳已经解决了米塞斯提出的关键问题,但米塞斯和自由市场还是笑到了最后。今天,人们,尤其是已经解体的原社会主义国家的人,普遍承认米塞斯和哈耶克是对的,计划经济在实践中遭受了巨大的失败。在几乎每一个社会主义国家都有着朝自由市场迅速转型的运动,甚至是恢复股票市场(一个存在私有制的市场)的运动。

米塞斯最初在 1920 年发表的期刊文章,预示和包含了他日后论点的关键和精华。一些现代的奥地利学派圈子喜欢把米塞斯与社会主义者之间的根本差异强调为企业家不确定性对抗完备知识以及社会主义者一方的一般均衡。但这并不是米塞斯的说法。米塞斯认为,他的《货币与信用理论》一书让他开始考虑社会主义的计算问题。在这里,米塞斯首次敏锐、清晰地意识到,货币经济并没有也不可能直接计算或衡量价值:它只用货币价格,即个体评值的合力来计算。因此,米塞斯意识到,只有存在基于私人所有者的评值和交换的货币价格的市场,才能合理配置资源,因为政府没有办法直接计算价值。对米塞斯而言,他就传统社会主义计划经济所写的文章和书籍都是他深入整合、发展微观经济学和宏观经济学、直接交换和货币交换的组成部分——他在《货币与信用理论》中开了个头,但没有完成。因此,哈耶克后来所强调的分散知识和创新是对米塞斯主要观点的重要注释和精心阐述,却不是核心问题。米塞斯的中心论点是,即使**给定**资源、价值和技术,即使把它们从变化中抽离出来,即使**这样**,剥离了私有产权和自由市场的社会主义计划经济也无法计算或合理分配资源。当然,更为重要的是,在变化的现实世界中它肯定并非如此。因此,比较米塞斯对社会主义者的驳斥和当代奥地利学派经济学家对不确定性的专注如下:

> 他们【传统计划经济倡导者】没能看到这个首当其冲的挑战:总是由偏爱和割爱(指做出不等的评值)组成的经济行动如何转化为相等的估值,通过使用方程吗?因此,社会主义计划经济倡导者提出了荒唐的建议,即用数学交换方程描绘出一幅排除人的行动的图景,以此来替代市场经济中的货币计算。[1][2]

米塞斯的《社会主义》一书在20世纪20年代和30年代产生了巨大的影响力,它不仅对传统的社会主义者提出了深刻的问题,而且让无数年轻的知识分子转向了自由和自由市场的事业。才华横溢的年轻社会主义

---

〔1〕 Mises, *Notes*, p. 112. 拉沃伊(Lavoie)认为,争论的企业家不确定性方面是米塞斯的第一篇文章的核心,与他的观点相反,柯兹纳正确地看到,一开始就更为"静态"的均衡观点造成了焦点的转移。遗憾的是,柯兹纳认为后来对不确定性和变化的强调并不是对初始论证的阐述(这是对的),而是一种**改进**,因为从均衡转向了更加动态的考虑。因此,柯兹纳错过了原始"静态"焦点的绝对中心性,而正是这一点使米塞斯认为对传统社会主义计划经济(在**给定以及**不确定的条件下)不可能进行经济计算,这一反对比后来的哈耶克或柯兹纳的版本强得多。

米塞斯的首篇文章参见:F. A. Hayek, ed., *Collectivist Economic Planning* (London: Routledge & Kegan Paul, 1935)。他的最新观点参见:*Human Action* (New Haven, Conn.: Yale University Press, 1949), pp. 694-711. 拉沃伊的观点参见:*Rivalry and Central Planning* (Cambridge: Cambridge University Press, 1985). 柯兹纳的观点参见:Israel M. Kirzner, "The Economic Calculation Debate: Lessons for Austrians," *Review of Austrian Economics* 2 (1987): 1-18. 关于社会主义计划经济计算论战,最好、最全面的著作仍然是:Trygve J. B. Hoff, *Economic Calculation in the Socialist Society* (London: William Hodge & Co., 1949).

〔2〕 约瑟夫·萨勒诺(Joseph Salerno)教授强调了这些结论,他从他的研究中得出结论,哈耶克的贡献虽然看起来比米塞斯更动态,但实际上更静态,因为它们几乎完全忽视了企业家精神。哈耶克的经济行动者往往是被动的信息接受者,而不是企业家评估者和预测者。参见 *Conversations with Professor Salerno*.

者弗里德里希·A. 哈耶克、德国的威廉·洛卜克,还有英国的莱昂内尔·罗宾斯都是因《社会主义》而转变的众多人中的一员,他们也成为米塞斯多年的追随者和门徒。[1]

在《货币与信用理论》一书中,米塞斯把货币整合进了一般的微观经济学,此时商业周期理论已经初露头角,在 20 世纪 20 年代,米塞斯又继续发展了这一理论。在期刊文章和书中,米塞斯扩展了他的理论,他警告了那个时代的通胀性信贷政策,并就欧文·费雪的原初货币主义稳定观点,对这位在 20 世纪 20 年代新时期里大受欢迎的经济学家开始了火花四溢的批评。费雪和他的门徒坚持认为,在 20 世纪 20 年代一切都很好,比如,美国的价格水平保持了恒定。而对米塞斯来说,重要的一点被生产力增加导致的水平价格掩盖了:通胀性信贷在资本投资市场和资本所有权市场——股票市场和房地产——创造了不稳定的繁荣。1929 年后,人们想起了米塞斯对金融崩溃和萧条的警告,虽然他们在当时曾不屑一顾。[2]

米塞斯的早期研究让他明白政府干预经常会适得其反,而他在货币和商业周期上的探索则进一步论证了他的观点。在 20 世纪 20 年代发表的一系列文章中,米塞斯调研了多种形式的政府干预,并认为它们无一例外地低效且经常产生反作用(这部分文章在 1929 年以“干预主义批评”为名出版成书)。实际上,米塞斯还得出了一个普遍法则:一旦政府为解决某个问题而干预经济,结局往往不能达到预期,甚至制造出另一个或另外许多的问题。这些制造出来的问题似乎又都迫切需要政府的进一步干预,问题和干预不断循环。这就是为什么政府干预主义下的经济,即“混合经济”是不稳定的。在面临经济问题时,“混合经济”政府不得不做出一个选择:要么废除之前的干预,要么继续新的干预。从逻辑上推导,这样的政府要么回到自由放任的市场经济,要么就得推行完全的社会主义计划经济。

---

〔1〕 关于米塞斯的《社会主义》一书对他自己和这一代人的巨大影响,参见:Hayek, in Mises, *My Life*, pp. 220-221.

〔2〕 米塞斯在 20 世纪 20 年代和 30 年代初期关于商业周期的重要著作被翻译和出版在:Ludwig von Mises, *On the Manipulation of Money and Credit* (Dobbs Ferry; N. Y.: Free Market Books, 1978).

但米塞斯对社会主义计划经济的研究阐明了社会主义计划经济在现代社会的“不可能性”。计划经济缺少经济计算必不可少的定价机制,就难以运行一个现代工业化的经济。如果国家干预下的经济是不稳定的,社会主义计划经济也是不可行的,那么现代工业化体制中唯一合理的经济方针就只剩下自由放任的市场经济了。因此,米塞斯将奥地利学派前辈对市场经济的松散支持加以反复锤炼,最终形成了一个有逻辑、前后一致、坚定信守自由放任主义的市场经济模型。为了把这些思路记录下来,米塞斯在1927年出版了《自由主义》,其中全面探讨了“古典”(或自由放任)自由主义。

尽管米塞斯还没有完成他对经济学的全面论述,但他已经在20世纪20年代末敲定了他正在建立的宏大体系中完整、彻底的政治经济部分。他仔细比较并对比了自由放任主义、干预主义和社会主义,并对自由放任主义做出了充满激情的承诺。他在《社会主义》一书中已经提出的洞见强化了这一承诺:劳动分工及其相随的私有财产和交换自由绝对是文明和社会本身的根基。米塞斯一贯主张而其他政治经济学派的对手一贯破坏的是维系文明和支撑现代高水平人口的经济所必需的条件。

在对社会和劳动分工口若悬河的讨论中,在对工业与军国主义原则的斯宾塞式对比中,米塞斯还发展了奥地利学派的关键洞见,即买卖双方及劳资双方都必然受益于他们的每个交换行动。米塞斯总结道,对劳动分工的采用和发展依赖人的理性和意志,依赖人对交换的互利性的认识。这种理性主义的高贵传统中,对人的理性和意志的强调与哈耶克或苏格兰启蒙运动把社会或市场作为某种趋向(tropism)或本能的产物形成鲜明对比,例如,哈耶克强调“自发秩序”趋向性、非自愿的出现,或者亚当·斯密编造的虚假本能或“对买卖和易物的倾向”来解释交换。[1]

事实上,哈耶克抓住了为米塞斯死后几年再版《社会主义》写序的机会,大大改变了二十年前在致敬米塞斯的晚宴上慷慨给予这本书的纯粹赞美。现在,他严厉批评米塞斯在《社会主义》里把“社会合作(特别是市

---

〔1〕 详细参见:Ludwig von Mises, *Socialism: an Economic and Sociological Analysis* (New Haven, Conn.: Yale University Press, 1951), pp. 289-313. 感谢约瑟夫·萨勒诺教授呼吁我注意这些段落。

场经济)当作一种理性认识的效用的化身”的说法,把这作为“极端理性主义”和事实错误的例子。他继续污蔑性地“解释”道,米塞斯“作为他那个时代的产物”一直没能“逃脱”这种理性主义——这是个很有意思的声明,因为米塞斯的“时代”弥漫的是非理性主义。相反,哈耶克坚称:“导致市场经济传播的肯定不是对一般利益的理性洞察。”如果不是这样,我们不禁要问,市场经济一开始是如何得以建立的呢? 对于每次个体交换,除非一个人有意识地和“理性地”知道他将从中受益,否则他根本不会参与。而就一个整体的市场经济而言,在早期著作里已经正式宣告过理念创造历史的哈耶克,却无法解释自由市场是怎么**出现**的。此外,哈耶克在此忽略了在西欧和美国两百多年的致力于自由和自由市场的古典自由主义运动。哈耶克忽略了根本的一点,即一切人的行动都是由个体的价值和理念决定的(这是居于米塞斯思想核心的“行动学”洞见),只能相信(虽然没有明说)人类不是有意识的行动者和选择者,而只是趋向刺激-相应机制。〔1〕

令人惊讶的是,写了这么多,我们还没有道尽米塞斯在20世纪20年代为学术界和经济学做出的卓越成就。早年,米塞斯就曾挑战过在德国经济学界占主流的历史学派。历史学派认为不存在经济规律,只存在特殊的时间、地点和环境下发生的特殊事件。经济学存在的价值不在于它的理论,而在于它对历史的审视。这一观点的政治意味在于,一旦取消了经济规律,政府就铲开了一大绊脚石,政府政策带来的不良后果也就没有经济规律来指证了。这也难怪历史学派的掌门人柏林大学的古斯塔夫·施穆勒(Gustav Schmoller)会宣布德国学者的作用是形成“霍亨索伦众议院的智识保镖”。在20世纪20年代,制度主义(历史学派的产物,但缺乏后者的学术成绩或知识基础)在美国占据了主导地位。米塞斯在他的讨论班上把这些人称为“反经济学家”的说法肯定是正确的。但是,除此之

---

〔1〕 F. A. Hayek, “Foreword,” Ludwig von Mises, *Socialism* (Indianapolis: Liberty Press/Liberty Classics, 1981), pp. xxiii-xxiv. 感谢汉斯-赫尔曼·霍普教授呼吁我注意这些段落。哈耶克在1956年对米塞斯的致敬可参见:Mises, *My Years*, pp. 217-223. 他对《社会主义》的讨论同上,pp. 220-221. 令人好奇的是,哈耶克甚至没有提及,更不用说反驳米塞斯以下文章中对理性主义情况的充分表述,参见:*Socialism* (1951), part Ⅲ, chap. Ⅱ, “Society,” pp. 289-313.

外，米塞斯也看到，奥地利学派经济学家和许多古典主义经济学家，如萨伊和西尼尔，已经习惯使用的经济学方法论正因为不同的理由被产生于它的家乡维也纳的一个新团体——逻辑实证主义者——攻击。事实上，比路德维希小两岁的弟弟，数学家和航空工程师理查德·冯·米塞斯，成了这个"维也纳圈子"的主要成员。此外，一位参加米塞斯讨论班的学生费利克斯·考夫曼(Felix Kaufmann)后来写了一本关于社会科学方法论的实证主义著作。这个"维也纳圈子"(或者说以他们的领袖命名为"史里克圈子")在人数上并不多，却在维也纳哲学圈越来越占据主导地位，并且在第二次世界大战后的几十年里几乎在美国占据了所有的哲学场所。[1]

一个关于逻辑实证主义者及其影响的故事让我想起了米塞斯的机智和魅力。他当时正在维也纳和他的好朋友德国哲学家马克斯·舍勒(Max Scheler)一起散步。

"这个城市的气候有什么特别之处，"舍勒在他身边挥手，"竟会养育了这么多该死的逻辑实证主义者？"

"行了吧，马克斯，"米塞斯回答道，"维也纳有200万人，而目前只有12个逻辑实证主义者。所以不可能是气候原因。"

逻辑实证主义也向经济学理论提出了严峻的挑战。逻辑实证主义认为经济规律的确认是一个试探性的过程，并认为必须使用经验事实(通常指的是数据)来证实经济规律的预测。基于他们对自然科学方法论的解读，实证主义者试图铲除经济学中"不科学"的研究方法。

制度主义者和实证主义者对经济学理论的猛烈抨击迫使米塞斯重新思考经济学的方法论和研究行动学科的基本认识论。米塞斯深入思考了

---

〔1〕 除了考夫曼和理查德·冯·米塞斯，维也纳圈还包括他们的领导者：Moritz J. Schlick，Otto Neurath，Rudolf Carnap，Carl C. Hempel，Herbert Feigl，Gustav Bergmann。同行的旅行者以及他们自己圈子里的逻辑实证主义者是路德维希·维特根斯坦和卡尔·波普尔。(狂热的波普尔主义者认为实证主义者与波普尔之间存在巨大的差异，但从笔者的角度来看，这些差异是没有区别的。)

米塞斯两兄弟似乎从小就关系疏远。他们在1938年路德维希婚后正式和解，但从来都不亲密。有一次，当理查德的著作《实证主义》出版时，我问路德维希怎么看他弟弟的书。米塞斯摆出了一副反常的严厉姿势，眨着眼睛："我不同意这本书的观点，"他用毫无疑问的语气强调，"从第一句到最后一句。"这不是一种鼓励进一步探究的语气。

主题,为早期奥地利学派学者和其他一些新古典主义学者采取的方法论第一次做了哲学上的辩解。米塞斯还说明,只有行动学的方法论才具备“科学”的特质。在新古典经济学中日益流行的实证主义方法论有着极大的缺陷和不科学性。简言之,米塞斯认为,关于人类行为的知识必须建立在二元论的方法论基础上。对人类的研究,相比对石头、分子和原子的研究,必须在方法上有根本的不同。因为人类个体是有意识的,他们吸收价值观,并为了维系价值观和达到目的而做出选择。他指出,人类行为的公理是不证自明的,即,(1)一旦被指认,该公理是否正确对于个体就是显而易见的;(2)除了自我否定外,该公理不能被否定,或者说不存在任何否定它的其他公理。既然关于人类行为的公理是不言而喻的,那么任何从人类行为中做出的逻辑推理就一定是绝对的、不可辩驳的、清楚明了的。既然经济学中的主干部分绝对正确,这些公理又是不言而明的,那么实证研究必然就要采用这些公理——任何要用事实来检验公理的说法都是荒谬和无意义的。此外,历史事件不像发生在实验室里的自然事件;人类历史缺乏同质性、不可复制,并且没有可控制变量,所以也不可能有所谓对历史事件的检验。一切历史事件都与众不同、不可复制,并且是由复杂的因素共同作用产生的。不管是过去的还是现在的经济史,都不能用来检验理论,但是可以用来说明发展中的理论,并且用理论来解释历史事件。

米塞斯把经济理论视为描述人的行动,即一个不可变更的事实的形式逻辑。这样的理论不关心行为本身的内容以及关于行动价值和动力的心理学解释。经济学理论是行为事实的形式描述。因此,米塞斯晚年把这种方法称为“行动学”,即**行动的逻辑**。

在米塞斯对逻辑实证主义的批判里,把人当作石头和原子——其行为可以预测并根据定量的法则决定——来对待的哲学,尤其容易导致社会工程师——他们把人当作无生命的物体处理——的观点。事实上,实证主义者奥托·纽拉特(Otto Neurath)就是一位在中欧领军的社会主义理论家。米塞斯写道,这种所谓“科学”的方法,将按照牛顿物理学研究质量和运动的方法来研究人类的行为。在这种研究人类问题的所谓“实证”方法的基础之上,他们计划发展“社会工程”,这种新技术将使未来计划社会的“经济沙皇”得以处理活人,就像技术使工程师得以处理无生命的材料一样。[1]

米塞斯从 1928 年开始发表一系列关于认识论的文章,并在 1933 年出版了合集《经济学的认识论问题》。这是一部具有开创性的哲学和方法论著作。

---

〔1〕 Ludwig von Mises, *Epistemological Problems of Economics* (New York: New York University Press, [1960] 1978), p. xiii.

第十五章　20 世纪 20 年代的米塞斯:教师和导师

正如前文所提及的,米塞斯在维也纳大学的教学工作深受限制,他在学校的影响也非常有限。虽然米塞斯在 20 年代有哈耶克、戈特弗里德·冯·哈伯勒、奥斯卡·摩根斯特恩这样杰出的追随者上过他的课,他手下却只有一名博士学生——弗里茨·马赫卢普。马赫卢普还因为经济学教授中普遍存在的反犹情绪而被拒绝授予任教资格。没有这个资格,他无法以私人讲师的身份授课。[1]

米塞斯在他所在的商务部办公室里创办了一个私人研讨会,他作为教师和导师的巨大影响都是从这里开始的。从 1920 年到 1934 年他搬到了日内瓦,每两周的周五晚上 7 点到大约 10 点(根据参与者的情况而定),米塞斯都会举办一个研讨会。研讨会结束后,他们会到一家意大利餐厅(Anchora Verde)享用集体晚餐。之后,大概在半夜左右,研讨会的主要参与者会到维也纳最受经济学家欢迎的咖啡厅(Kiinstler)继续聊天,直到凌晨 1 点甚至更晚才尽兴而归,这其中也有米塞斯。米塞斯的研讨会不对参与者打分,也不授予任何大学或商务部的官方认证。尽管如此,米塞斯作为教师和导师的非凡品质很快就体现出来。他的私人研讨会成了

[1] See note 17.

全欧洲最卓越的研讨会和论坛，参与者可以尽情讨论、研究经济学和社会科学的相关话题。收到参与米塞斯研讨会的邀请函成了很光荣的事。不久，研讨会成了一个非官方但又非常关键的博士后研究中心。在参会者名单上的人，不管是在英国、美国还是奥地利，都是响当当的人物，他们后来又以“米塞斯圈子”而闻名。

尽管米塞斯作为一个对自己的信念毫不妥协的斗士而享有盛誉，但所有的参与者都能证明，他的私人讨论班是一个用于讨论的论坛，他尊重所有人的意见，并不会强求别人与他持同一立场。因此，汉斯·迈耶的学生，后来成为联合国经济学家的保罗·N.罗森斯坦-罗丹（Paul N. Rosenstein-Rodan）博士，这样回忆米塞斯的讨论班：

> ……我对米塞斯的货币理论非常崇拜，却很怀疑他的极端【自由放任】自由主义。这可以证明米塞斯是多么的通融和宽容（与普遍的观点相反），尽管我有一些“左倾”，或者说持有一种费边主义的人生观（一直没有变），我们的关系还是维持得非常好的。[1]

米塞斯自己也深情地描述了他开展讨论班的方法：

> 我的主要教学精力都集中在我的私人讨论班上……在这些聚会上，我们无拘无束地讨论经济学、社会哲学、社会学、逻辑学和人的行动科学认识论的所有重要问题。在这个圈子里，年轻的【后庞巴维克】奥地利学派茁壮成长；在这个圈子里，维也纳文化经历了最后一轮怒放。在这里，我既不是教师，也不是讨论班的导演，我只是同道中的长者，我所获得的超过了我所给予的。
>
> 这个圈子里的每个人都是自愿来的，他们只受自己求知欲的指引。他们来的时候是学生，但年复一年就成了我的朋友……
>
> 我们没有形成学派、社团或者宗教。我们通过反驳而不是赞同来互相帮助。只有一件事我们是一致的，它把我们联合在

[1] Mises, *My Years*, p. 208.

一起:努力推动人的行动科学。每个人都有自己的路,遵循自己的法则……我们从未考虑出版一份期刊或者一本文集。每个人都以适合思想者的方式做他自己的事。不过我们每个人仍然为整个圈子而努力,图的只是朋友之间的认可,而不是掌声。这种谦逊的思想交流包含着伟大,我们沉浸其中,深感愉悦和满足。[1]

米塞斯这种方法的结果是,许多讨论班的成员成了彻底的米塞斯主义者,而其他人在或多或少地触及了米塞斯的伟大之处后,也都以这样或那样的方式被打上了印记。即使是那些后来转投了凯恩斯主义和其他反米塞斯主义学说的学生,也都仍然保留着清晰可见的米塞斯主义标记。因此,像马赫卢普或哈伯勒这样的人,他们的凯恩斯主义就从来不像其他纯粹的门徒那样毫无限制。米塞斯讨论班的成员格哈德·汀特勒(Gerhard Tintner)后来在爱荷华州成为一位杰出的计量经济学家,但汀特勒在其《计量经济学》一书的第一章里对计量经济学做了米塞斯式的保留,这要比他计量经济学界的同僚严肃得多。事实表明,米塞斯给他的所有学生都打上了不可磨灭的记号。我们只需看一下米塞斯私人讨论班成员的部分名单,以及他们后来的身份和成就,就能知道他的学生们所取得的巨大荣誉和他们身上的米塞斯主义印记:

弗里德里希·A. 哈耶克(Friedrich A. Hayek)

弗里茨·马赫卢普(Fritz Machlup)

戈特弗里德·冯·哈伯勒(Gottfried von Haberler)

奥斯卡·摩根斯坦(Oskar Morgenstern)

保罗·N. 罗森斯坦—罗丹(Paul N. Rosenstein-Rodan)

费利克斯·考夫曼[Felix Kaufmann,著有《社会科学的方法论》(*The Methodology of the Social*)]

阿尔弗雷德·舒茨(Alfred Schütz,社会学家,新社会研究学院)

卡尔·博德(Karl Bode,方法论学家,斯坦福大学)

阿尔弗雷德·斯托尼尔(Alfred Stonier,方法论学家,伦敦大学

[1] Mises, *Notes*, pp. 97-98.

学院)

埃里希·沃格林(Erich Voegelin,政治学家、历史学家,路易斯安那州立大学)

卡尔·施莱辛格(Karl Schlesinger)

理查德·冯·施特里格尔(Richard von Strigl)

卡尔·门格尔(Karl Menger,数学家,奥地利学派创始人卡尔·门格尔的儿子,芝加哥大学)

沃尔特·弗罗利希(Walter Fröhlich,马奎特大学)

格哈德·汀特勒(Gerhard Tinter,爱荷华州立大学)

埃瓦尔德·沙姆斯(Ewald Schams)

埃里希·希夫(Erich Schiff)

赫伯特·冯·菲尔特(Herbert von Fürth)

鲁道夫·克莱恩(Rudolf Klein)

来自英国和美国的成员和参加者有:

约翰·V. 范·西克尔(John V. Van Sickle,洛克菲勒基金会,后来去了沃巴什学院)

霍华德·S. 埃利斯[Howard S. Ellis,伯克利分校,著有《德国货币理论》(*German Monetary Theory*)]

莱昂内尔·罗宾斯(Lionel Robbins,伦敦经济学院)

休·盖茨克尔(Hugh Gaitskell,英国工党)

必须承认的是,还有其他一些在日后生活中看不出受米塞斯影响的参与者,譬如瑞典凯恩斯主义者拉格纳·纳克斯(哥伦比亚大学)和阿尔伯特·盖伊诺德·哈特(哥伦比亚大学)。[1]

参加米塞斯讨论班的女性成员人数在欧洲那个时代算是很不寻常的。海伦·利塞尔(Helene Lieser)后来在巴黎国际经济协会做了很多年的秘书,她是奥地利首位获得社会科学博士学位的女性。伊尔莎·明茨(Ilse Mintz)是经济学家理查德·舒勒(Richard Schüller)的女儿,也是门格尔的学生,曾为贸易常任副部长(后来去了新社会研究学院)。明茨后

---

〔1〕 关于当时维也纳知识分子生活中的咖啡馆和私人讨论班,参见:Craver,“Emigration,” pp. 13-14.

来移民美国，她曾在国家经济研究统计局工作，并任教于哥伦比亚大学。其他优秀的女性成员有玛丽安·冯·赫兹菲尔德(Marianne von Herzfeld)和玛莎·斯蒂芬妮·布朗(Martha Stephanie Brawn)，她们后来任教于布鲁克林学院和纽约大学。玛莎·布朗在回忆起米塞斯的讨论班时说道："冯·米塞斯教授从不在要讨论的话题选择上限制任何参与者。"她总结道："我在很多城市居住过，为很多组织服务过。我认为不会有第二个圈子在讨论的热烈程度、有意义程度和知识水平上能与米塞斯讨论班相提并论。"〔1〕〔2〕

米塞斯并不满足于自己的讨论班，他还一手复兴了经济学会，这是一个与卡尔·普里布拉姆(Karl Pribram)一起在1908年创建的经济学家专业协会，在战争期间被废弃。"米塞斯圈子"形成了社团的核心，这个社团要比米塞斯讨论班大得多。米塞斯和他的同僚们设法摆脱了奥斯马·斯潘(Othmar Spann)，并且，为了确保汉斯·迈耶(Hans Mayer)的参与，迈耶被任命为协会主席，而社团的驱动力——米塞斯，则同意担任副主席。米塞斯主义者主导了该协会，哈耶克担任秘书，马赫卢普负责财务，而摩根斯坦成了马赫卢普财务职位的继任者。理查德·舒勒(Richard Schüller)是社团的杰出成员，米塞斯研讨会成员兼全国银行家协会会长卡尔·施莱辛格(Karl Schlesinger)则确保了银行家协会的大型会议室供协会会议使用。协会的许多论文发表在了汉斯·迈耶的学术刊物《经济学期刊》上。

到了20世纪20年代中期，米塞斯花了很大的力气来帮哈耶克找一份工作。他试图说服商会在自己的办公室创建一个研究职位给哈耶克，但他的努力失败了。哈耶克在美国待了一年并回归对经验商业周期研究加以赞扬之后，米塞斯在1927年1月成立了商业周期研究所，并任命哈耶克为商会某个办公室的主任。1930年，在原米塞斯讨论班成员、洛克菲勒基金会巴黎办公室助理主任约翰·范·西克尔的要求下，基金会投入了大量的经费给资金匮乏的研究所。新增的经费使研究所得以聘请摩根

---

〔1〕 Mises, *My Years*, p. 207.

〔2〕 On Mises's private seminar. See Mises, *My Years*, pp. 201-211; Mises, *Notes*, pp. 97-100; Craver, "Emigration," pp. 13-18.

斯坦和哈伯勒来协助哈耶克,而当哈耶克在1931年离开奥地利前往英格兰时,摩根斯坦接任主任一职。[1]

大多数维也纳人,包括米塞斯的朋友和学生抱着极度乐观的心态,觉得纳粹主义不可能在奥地利发生。但在20世纪30年代早期,米塞斯就预见了这场灾难,并催促他的朋友趁早移民。马赫卢普把自己的性命得以保全归功于米塞斯的建议。米塞斯以其特有的智慧和洞察力,向他的朋友和他自己描绘了新世界的可能情况:他预言他们所有人将在拉丁美洲某处开一家咖啡厅和夜总会。米塞斯将是门卫,正经和孤傲的哈耶克任领班,歌手费利克斯·考夫曼将是主唱,而文雅的马赫卢普则是夜总会的男舞伴。[2]

第一位移民的米塞斯主义者是哈耶克。通过阅读《社会主义》并随后参加米塞斯的私人讨论班,莱昂内尔·罗宾斯已经转向了自由放任主义和奥地利学派经济学。在担任伦敦政治经济学院经济学系主任之后,罗宾斯很快便成为学院院长威廉·贝弗里奇爵士颇具影响力的顾问。罗宾斯在1931年邀请了哈耶克为伦敦政治经济学院做一系列的讲座,讲座风靡了全院。很快,伦敦经济学院为哈耶克提供了一个全职教授的职位。20世纪30年代上半叶,哈耶克和罗宾斯在伦敦政治经济学院势如破竹,使得奥地利学派资本和商业周期理论的影响大为扩散。哈耶克使伦敦政治经济学院顶尖的年轻经济学家转向了奥地利学派的硬货币和自由放任观点;热情的奥地利学派皈依者有后来的凯恩斯主义领军人约翰·希克斯、阿巴·P.勒纳、尼古拉斯·卡尔多、肯尼思·博尔丁和G. L. S. 沙克尔。伦敦政治经济学院的期刊《经济学刊》(*Economica*)上当时都是奥地利学派的文章。只有凯恩斯的大本营剑桥大学还保持敌意,而即使在那里,D. H. 罗宾逊的货币分析路径也与奥地利学派相似。罗宾斯是埃德温·坎南在伦敦政治经济学院的学生,自己也是硬货币和自由放任的拥护者。坎南的学生弗雷德里克·贝纳姆接受了奥地利学派对大萧条的观

---

〔1〕 摩根斯坦很快就将该学院带到明确的非米塞斯式路径上,在他的朋友卡尔·门格尔(Karl Menger)的影响下赞助计量经济学研究,包括门格尔的学生格哈特·廷特纳和亚伯拉罕·沃尔德的工作。Craver,"Emigration," pp. 19-20.

〔2〕 部分故事可参见:Mises, *My Years*, p. 205.

点。罗宾斯在 1934 年写了一本才华横溢的米塞斯主义著作《大萧条》(*The Great Depression*)。在罗宾斯的影响下,贝弗里奇在 1931 年出版的《失业:工业的问题》(*Unemployment, A Problem of Industry*)一书中,把战后英国的大规模失业归因于过高的工资率。

此外,罗宾斯在 20 世纪 30 年代初在微观经济学和人口理论上发表了一些引人入胜的奥地利学派文章,并且在 1932 年出版了米塞斯行动学的一个简化版本——《论经济科学之性质与意义》。在米尔顿·弗里德曼于 20 世纪 50 年代早期发表他那不幸的实证主义宣言之前,这本书成了经济学家在方法论上的圣经。[1] 除了上述这些令人惊叹的努力外,罗宾斯还组织翻译出版了两本哈耶克论商业周期理论的书(《货币理论与商业周期》和《物价与生产》),并最终组织翻译了米塞斯的《货币与信用理论》和《社会主义》。

但接下来,就在奥地利学派经济学看起来即将征服英格兰(特别是因为已经预测到了大萧条并提供了对此的解释)之时,凯恩斯的《就业、利息和货币通论》横空出世。到了 20 世纪 30 年代后期,所有哈耶克的信徒都突然转向了凯恩斯主义,即便他们那时候理应足够成熟、懂得更多。所有的中坚分子,包括罗宾斯、希克斯、贝弗里奇和余下的人都已经改换门庭,到了 20 世纪 30 年代末,只剩哈耶克一人未受凯恩斯主义风暴波及。[2] 但眼见马赫卢普和哈伯勒这样的爱徒成为凯恩斯主义者(尽管是相对温和的凯恩斯主义者),对米塞斯而言无疑是一次极为沉重的打击。

除了对奥地利思想界有着巨大的影响力,米塞斯对德国的经济学家也产生了重要的影响。乔治·哈尔姆(Georg Halm)加入了米塞斯对社会主义条件下经济计算可能性的抨击。德国银行家和经济学家 L. 阿尔伯特·哈恩(L. Albert Haln),在 20 世纪 20 年代曾是原初凯恩斯主义通胀主

---

[1] 遗憾的是,罗宾斯这本著作更广为人知的版本是 1935 年的第二版,比起第一版,第二版大大减少了米塞斯的成分,而变得更像新古典著作。

[2] 这种背叛非常彻底,这些人中至少有两个做出了不寻常的举动,公开驳斥自己受米塞斯影响的著作。莱昂内尔·罗宾斯反复谴责自己的《大萧条》,希克斯则否认他奥地利学派式的《工资理论》。除了哈耶克,唯一的反凯恩斯主义者是坎南的前学生 W. H. 赫特,他才华横溢的准奥地利学派式对凯恩斯的反驳没有引起人们的注意,因为赫特在南非(而不是经济思想和论证的中心)教书和发表文章。

义者,在 20 世纪 30 年代却转向了对凯恩斯的严厉批评。其他受米塞斯影响强烈的德国经济学家有威廉・洛卜克、阿尔弗雷德・穆勒-阿玛克(Alfred Müller-Armack)、工会专家戈茨・A. 贝利弗斯(Goetz A. Briefs)、马克思主义阶级概念的批评者沃尔特・苏尔茨巴赫(Walter Sulzbach)、经济史学家亚历山大・罗斯托(Alexander Rüstow)、莫梯茨・J. 波恩(Mortiz J. Bonn)、路德维希・波勒(Ludwig Pohle)。意大利的路易吉・伊诺第(Luigi Einaudi)和法国的货币专家雅克・吕埃夫(Jacques Rueff)也是受米塞斯影响的朋友。

第十六章　流亡与新世界

与其他同事相比，米塞斯更加警惕日益逼近的纳粹威胁。也正因为如此，他在 1934 年接受了一份在日内瓦大学国际关系研究院的教授工作，方向是国际经济关系。由于一开始与日内瓦大学的合同只有一年，因此米塞斯还在商务部兼职，拿之前 1/3 的薪水。米塞斯的合同每年都有续签，一直到他 1940 年离开日内瓦。尽管他为离开自己深爱的维也纳而十分伤心，但在日内瓦的六年他过得非常开心。他在第一份（也是最后一份！）付薪的学术职位上做得十分出色。不仅研究院宾客满堂，米塞斯身边还有许多志同道合的同事，比如研究院院长、法学家、经济学家威廉·E. 拉帕德，研究院联合主任、法国著名经济史学家保罗·芒托，米塞斯儿时的朋友、杰出的法学家汉斯·凯尔森，因纳粹而离开德国的威廉·洛卜克，还有法国学者路易斯·胡希耶和路易·博丹。

米塞斯是用法语做讲座的，他的法语非常流利，不带一点口音。米塞斯每周只需上周六早晨的一堂大课，而且不再需要履行商务部的政治和行政义务。他终于可以享受他的业余时间，着手准备完成他最伟大的杰作。在这本书中，他将宏观经济和微观经济结合到一起，分析了市场以及政府在市场中的干预，所有这些研究都依赖他在 20 世纪 20 年代及 30 年代早期开创的行动学方法。这本书最后在 1940 年以“经济学”为名在日内瓦出版。

尽管有了这些有利条件，面对 1937 年后的凯恩斯主义经济学浪潮，面对左右社会主义学说的兴起、纳粹的紧逼和第二次恐怖的世界大战的迫近，米塞斯还是花了很大的勇气才得以继续他的工作。1938 年，米塞斯惊恐地看到纳粹征服了奥地利，并随之毁坏了他的私人图书馆和论文，但未婚妻玛吉特・瑟伦妮顺利逃到了日内瓦并与他成婚，这又让他倍感振奋。[1]

第二次世界大战开战以后，米塞斯承受了很大的压力。一方面，战争带走了学校里许多非瑞士国籍的学生；另一方面，战争意味着像米塞斯这样的难民将愈发不受瑞士欢迎。当纳粹德国在 1940 年春天攻占法国后，米塞斯在妻子的鼓动下决定离开这个被轴心国包围的瑞士，作为暴政的受害者，前往心中的"麦加"美国避难。

移民美国对米塞斯来说是一段特别痛苦的经历。此时他已年近六旬，与流利的法语相比，他的英语只是从书本上学来的；他要逃离生活一辈子的欧洲，却一贫如洗，在美国也没有工作的可能性；为了躲避德国的军队，他和玛吉特只得横穿法国和西班牙，最后从里斯本出发去美国。他的整个世界、他的希望和梦想都已四分五裂，被迫在一个全新的国度，用并不熟悉的语言开始全新的生活。而最痛苦的是，正如他看到世界屈服于战争和中央集权，他的伟大著作《经济学》在战时条件下出版，却无人问津。第二次世界大战期间显然不是大家拜读高深理论的好时机。此外，理所当然构成其市场的德语国家禁止了这本书，而该书的出版者瑞士出版公司则在战争期间倒闭。

米塞斯一家在 1940 年 8 月抵达纽约，由于缺乏就业的可能性，因此他们只能依靠多年的积蓄维持生活，不断地变换住所，入住不同的酒店和临时公寓。这是米塞斯人生中的低谷。安顿下来没多久，米塞斯就开始撰写自己的传记。这本带着绝望情绪但又散发着知识分子炽热情感的著作于当年 11 月完成，但到他死后才被翻译并以"札记和回忆"（*Notes and*

---

〔1〕 关于在日内瓦的岁月，参见：Mises, *My Years*, pp. 31-49, and Mises, *Notes*, pp. 136-138.

Recollections,1978)的名字出版。[1] 这本忧伤的书的一大主题是绝望和消极。这是许多古典自由主义者,包括米塞斯的朋友和导师都感同身受的。他们看到中央集权日趋强势,并且目睹了20世纪的毁灭性战争。门格尔、庞巴维克、马克斯·韦伯、奥匈帝国的鲁道夫大公、米塞斯的朋友兼同事威廉·卢森堡(Wilhelm Rosenberg)都在精神上备受打击,有些甚至被当时的政治热潮推向了死亡。米塞斯终其一生都在试图克服战斗过程中遇到的挫折,尽管这样的抗争可能终结和没有希望。在解释为何身边的古典自由主义者会向第一次世界大战时的绝望低头时,米塞斯这样描述自己当时的反应:

> 长此以往,我陷入了这样毫无希望的悲观中。同样的感受也给欧洲最聪明的人施加了厚重的压力。悲观击垮了卡尔·门格尔,也给马克斯·韦伯的人生罩上了一层阴影。这是性格使然,得看个人在得知一个无法逃脱的大灾难后如何安排自己的人生。在中学时期,我选择将维吉尔(Virgil)的诗作为人生信条:不向邪恶低头,永远要勇敢地与其对抗下去(*Tu ne cede malis sed contra audentio ito*)。
>
> 在战争最黑暗的时候,我回想起这句格言。一次又一次面临着理性思考找不到出路的处境,但总有出人意料的事情发生,让我绝处逢生。直到今天,我还是没有失去勇气。我会尽一位经济学家的职责。为了传达心中的真理,我永远不会感到疲倦。[2]

正是在这时,米塞斯继续前进,决定写一本关于社会主义计划经济的书,这本书他在第一次世界大战爆发前就已经深思熟虑过。

面对人生中遇到的所有逆境,米塞斯都以巨大的勇气来面对:对抗通

---

〔1〕 十几年后,米塞斯在纽约大学开办了自己的研究生讨论会,我们有一些同学趁着课后休息时间,在儿童餐馆向米塞斯建议他写写自己的自传,因为他和我们说过很多很有趣的在维也纳的旧时光的名人轶事。米塞斯站起来,用少有的严肃口气说道:“拜托! 我还没老到写自传的年纪呢。”这种语气阻止了类似讨论的进行。不过那时候米塞斯已经是古稀之年了,对在场的其他人来说是很大的岁数了,当时在美国二十几岁的愣小伙子都已经出版他们的“自传”了,我们很自然,尽管是在私底下,不太赞同大师的看法。

〔2〕 Mises, *Notes*, pp. 69-70.

胀、抵制纳粹、在第二次世界大战期间背井离乡。每一次,不管环境如何险恶,米塞斯都能持续抗争,继续对经济学以及行动学科做出贡献。

到了美国后,米塞斯的生活有了起色。约翰·范·西克勒和洛克菲勒基金会与米塞斯是旧交情,给他带来了一笔微薄的年金。这笔经费通过国家经济研究所发放,从 1941 年 1 月开始一直持续到 1944 年。米塞斯用这笔经费出版了两本重要的作品,它们是米塞斯首次用英文写成的作品,都在 1944 年由耶鲁大学出版社出版。其中一本是《全能政府:全权国家与全面战争的兴起》(*Omnipotent Government: The Rish of the Total State and Total War*,以下简称《全能政府》)。[1] 在那个年代,对纳粹主义的解释主要来自哥伦比亚大学教授、德国难民弗朗茨·诺依曼(Franz Neumann)。诺依曼用马克思主义观点来看待纳粹:纳粹是德国大财团"临终前"迫切想要摧毁崛起的工人阶级的最后挣扎。这个观点在今天看来十分可笑,但在当时,《全能政府》却是第一本向其发出挑战的著作。《全能政府》指出,任何形式的集体主义,不管是左派还是右派,其本质都是中央集权和集体主义。米塞斯出版的另一本书《官僚主义》(*Bureaucracy*)是一部令人称赞的经典读物。从来没有人能像米塞斯那样清晰地勾画出追求利益最大化的企业、非营利机构的官僚体制与政府官僚制度的本质不同。

1943 年初,在米塞斯完成《全能政府》的手稿之后,亨利·黑兹利特(Henry Hazlitt)把它带给了耶鲁大学出版社持自由主义观点的编辑尤金·戴维森(Eugene Davidson),他对这本书很热心。从那时起的整个 20 世纪 50 年代,著名的耶鲁大学出版社担任了米塞斯所有全新著作和重印著作的出版商。事实上,正是戴维森在 1944 年初提议米塞斯写一本关于官僚主义的小书,而米塞斯在该年 6 月完成了书稿。[2]

通过黑兹利特的斡旋,米塞斯于 1942 年和 1943 年在《纽约时报》上

---

〔1〕 只研究德国和奥地利的《全能政府》早期版本,在第二次世界大战爆发之前在日内瓦以德语写成;抵达美国后,米塞斯增加了一个附录。较早、较薄的版本在米塞斯逝世后于 1978 年在斯图加特出版,书名是:*Im Namen des Staates oder Die Gefahren des Kollektivismus*(《以国家之名或集体主义的危险》)。

〔2〕 黑兹利特这样描述他与米塞斯第一次私人接触的故事:"一个晚上我在家接到一个电话,电话另一端的声音说,'我是米塞斯'。我后来告诉我的一些朋友,这几乎就像有人在说,"我是约翰·斯图亚特·穆勒'"。Mises, *My Years*, p. 58.

发表了9篇关于世界经济问题的文章。这在美国传播了米塞斯的观点，并导致国家制造商协会——当时一个致力于自由放任的组织——的秘书诺埃尔・萨金特在1943年1月邀请米塞斯加入国家制造商协会的经济原则委员会。米塞斯于1943年至1954年在国家制造商协会委员会任职，并因此得以遇见许多致力于自由市场经济的杰出企业家。[1]

米塞斯从来没能在任何一所美国大学里找到一份付薪、全职的工作，这是美国学术界的记录上无法抹去的污点。米塞斯的遗孀玛吉特在她描写与路[2]生活的感人回忆录里，记录了他们的幸福和她对纽约大学工商管理研究生院的感激，该院在1945年任命米塞斯为客座教授，一学期教授一门课。米塞斯很高兴能回到大学教学；但这个每年支付2 000美元微薄酬劳的兼职岗位很难令笔者感兴趣。一开始，米塞斯的课程是“中央集权与利润动机”，后来则改成了“社会主义”。这个兼职的教职被延长至1949年。

米塞斯的朋友，威廉・沃尔克基金的哈罗德・鲁诺（Harold Luhnow）则踏上了为米塞斯寻找合适教职的长征路。一份付薪的教职对于米塞斯几乎是不可能的，所以沃尔克基金准备为米塞斯支付全额薪水。即使是在有资助的情况下，寻找教职的任务也是艰巨的。最后，纽约大学商学院同意接收米塞斯，给他一份永久的“访问教授”的工作，米塞斯得以再次主持他所热爱的讨论班并教授经济学理论。[3][4] 从1949年开始，米塞斯每周二晚上在讨论班上课，一直到他87岁时退休。在这20年间，他一直活跃在讲坛上，生气勃勃，堪称美国最年长的活跃教授。

即使在有利的财务条件下，纽约大学对米塞斯的支持也是不情愿的，完全是因为广告负责人、纽约大学校友劳伦斯・费尔提（Lawrence Fertig）

---

〔1〕 这些人包括：太阳石油公司的霍华德・皮尤（Howard Pew），主要的自由放任原因的财政捐助者；克莱斯勒公司的副董事长哈钦森；沃尔奇糖果公司（Welch Candy Corp.）的罗伯特・威尔奇（Robert Welch），后者在20世纪50年代末期成立了约翰・伯奇社会。

〔2〕 路是玛吉特・冯・米塞斯对她丈夫路德维希・冯・米塞斯的爱称。——译者注

〔3〕 哈罗德・鲁诺是威廉・沃尔克公司和基金会的总监。公司位于堪萨斯城，经营家具配送和仓储。在20世纪40年代至60年代，威廉・沃尔克基金会在为自由主义学者和保守主义学者提供资金上扮演了重要的幕后角色。

〔4〕 有一段时间，米塞斯继续教他的社会主义课程，并举办他的讨论班。几年后，讨论班成了他在纽约大学的唯一课程。

对校方施加了相当大的影响力——他是一位经济新闻记者，也是米塞斯和黑兹利特的密友。事实上，费尔提在1952年成为纽约大学校董会的董事。尽管米塞斯可以指导博士论文，他的头衔仍然是耻辱性的“客座教授”。更重要的是，院长、米塞斯的崇拜者G. 罗兰·柯林斯退休之后，继任的院长尽了最大努力减少注册米塞斯课程的学生，他声称米塞斯是一个反动的尼安德特人[1]，而他的经济学只是一种“宗教”。

相比米塞斯在美国学术界得到的寒酸待遇，他以前喜欢的学生——他们为了凯恩斯主义抛弃了米塞斯主义学说，对经济学的真正贡献却都来自米塞斯主义——却都得到了声名显赫的学术高位，这对米塞斯来说一定是一件烦心的事。戈特弗里德·哈伯勒被哈佛大学授予了正教授职位，马赫卢普去了约翰·霍普金斯大学，即后来的普林斯顿大学。奥斯卡·摩根斯坦也去了普林斯顿大学。所有这些学术高位当然都是由大学来支付薪水的。[2]

米塞斯从未对自己的命运，或是对其前追随者的变节表示过任何怨言，也确实没有表现出对那些受他启发和称赞的学生有任何嫉妒。只有一次，笔者——米塞斯讨论班十多年的学生和他余生的朋友——听到他对美国学术界的待遇表达了悲伤和痛苦之情。当时是1954年，正值哥伦比亚大学建校200周年庆，哥伦比亚大学从世界各地邀请了知名学者前来参会发言。米塞斯看到他过去的学生哈耶克、马赫卢普、哈伯勒和摩根斯坦都应邀发言了，但住在离哥伦比亚不到1英里的米塞斯却被完全忽略。而米塞斯还有4名以前的学生——明茨、纳克斯、哈特和定性学派银行理论家本杰明·H. 贝克哈特——在哥伦比亚大学任教。玛吉特·冯·米塞斯写道，只有那一次，他向她表达了对学术职务的渴望——在普林斯顿高等研究院拜访了他的老朋友，货币经济学家温菲尔德·W. 里夫

---

〔1〕 尼安德特人是生存于旧石器时代的史前人类，他是在讽刺米塞斯已经是一个彻底过时的老古董了。——译者注

〔2〕 美国学术界款待了哈耶克（他在思想和政治上仍然是米塞斯主义者，只是比米塞斯程度稍轻微些）。沃尔克基金试图将哈耶克安排进美国的大学，并且终于在芝加哥大学为哈耶克找到了一个完全补贴的职位。然而，芝加哥大学经济系拒绝了哈耶克，但他被一个虽然是学术性但不算成功的研究生社会思想委员会接受了，在那里他只有几个（虽然是一流的）研究生。由于芝加哥大学拒绝支付哈耶克任何退休金，他在到了退休年龄之后被迫返回德国和奥地利的大学。

勒之后。她写道:“我记得路曾经告诉我,里夫勒在普林斯顿的工作是唯一会令他真正高兴的职位。路真的很少表达对没有他份儿的东西的渴望。”[1]如果在学术世界还存在正义的话,研究院的领导们应该敲破米塞斯的门,吵着让他加入他们的行列。

笔者有幸在 1949 年参加了米塞斯的第一届讨论班,讨论班的经历是鼓舞人心、令人振奋的。对那些并没有在纽约大学注册,却多年来定期旁听讨论班的同学来说也是如此,他们是纽约地区的一些信奉自由主义和自由市场的学者和商人。由于讨论班的特别安排,学校同意让米塞斯主义者旁听课程。但即便如此,米塞斯还是有少数优秀的研究生在他名下读博士,特别是还在纽约大学任教的伊斯雷尔 · M. 柯兹纳,而大部分学生是不明就里的商学院学生,只是为了轻松拿到“A”而选了这门课程。[2] 据我估计,自由主义者和处于入门阶段的奥地利学派经济学家在总人数中的比例大约为 1/3~1/2。

米塞斯尽力去重现其伟大的维也纳私人讨论班的环境,包括正式会议结束后,在晚上九点半集合去柴尔兹餐厅继续进行非正式而又热烈的讨论。即使对我们中最笨的学生,米塞斯也是无限耐心和容忍的,他不断抛出研究项目来启发我们,并始终鼓励最害羞的和不善言辞的学生发言。米塞斯的眼中闪烁着招牌式的光芒,向他们保证:“别怕发言。记住,不管你就主题说了什么,不管你说得多荒谬,总有一些著名经济学家说过同样的话。”

然而,不管讨论班的体验对博学的学生来说是多么精彩,想到这些凌乱的环境该让米塞斯多委屈,还是会让我心碎。可怜的米塞斯:现在这些会计和金融专业的学生中,几乎找不出哈耶克或马赫卢普或舒茨,而柴尔兹餐厅也不是维也纳咖啡馆。但一件事部分纠正了这种观点。有一天,米塞斯应邀去哥伦比亚大学为经济学研究生和教师发言,这是一个在全国经济学系里排名前三的系。在米塞斯发言后,典型的提问是:“米塞斯

---

〔1〕 Mises, *My Years*, p. 59.

〔2〕 作为一名欧洲的教授,米塞斯从未完全适应美国的分级制度。一开始,他给所有的学生 A。当被告知他不能这样做时,他就根据学生的字母排列交替给他们 A 和 B。当被告知他不能这样做时,他决定,对任何为课程写论文的学生,不论其质量如何都给 A,对所有其他人都给 B。

教授,你说你赞成废除政府的干预措施。但这种废除**本身**不就构成一种干预的行为吗?”针对这种空洞的问题,米塞斯给出了敏锐而生动的回答:“好了,一位医生冲向被卡车撞倒的人,同理你也可以说,医生正在以与卡车相同的方式‘干预’这个人。”后来,我问米塞斯教授感觉如何,他回答说:“嗯,我更喜欢**我**【在纽约大学】的学生。”在那之后,我意识到,即便从他的角度来看,或许米塞斯在纽约大学的教学也是真正有价值的。[1]

早在 1942 年,米塞斯就对其《经济学》的惨淡命运感到失望。但他并没有气馁,反而开始了这本书英文版的写作。新书并不只是简单地翻译《经济学》,而是对其进行了修订、润色和扩充,算得上是一本新书。[2] 这是米塞斯学术生涯的扛鼎之作,在尤金·戴维森的关照下,在 1949 年由耶鲁大学出版社出版。书名定为“人的行动:关于经济学的论文”。[3]

令米塞斯开心的是,他的首期研讨会正好是《人的行动:关于经济学的论文》(以下简称《人的行动》)一书的出版日,即 1949 年 9 月 14 日。《人的行动》是米塞斯最伟大的成就,也是 20 世纪人类智慧最好的产物之一。在他自己所开创的行动学方法论的基础上,基于“人类存在并在世界上**行动**,运用手段来尽力达到其最高价值的目标”这样一个无法回避且至关重要的公理,使经济学成为一个整体。米塞斯将经济学理论的大厦建造在个体的人的行动这一根本事实的逻辑意蕴之上。他为被分割为许多相互隔绝、碰撞的小领域的经济学提供了安居之所。《人的行动》是自第一次世界大战以前的陶西格和费特以来,第一部将经济学理论进行整合的著作。除了提供完善的、集大成者的经济学理论以外,《人的行动》批评了奥地利学派在方法论上的对手,譬如历史学派、实证主义、新古典主义

---

〔1〕 当沃尔克基金在 1962 年崩溃时,劳伦斯·福尔蒂格与其他商人和基金会携手让研讨会继续下去,直到米塞斯于 1969 年退休。

〔2〕 内华达大学拉斯维加斯分校的经济学教授汉斯·赫尔曼·霍普为我提供了很多有用的信息。他是我的德裔美国籍同事,同时也是一名博学又有创新精神的行动学家和米塞斯的追随者。

〔3〕 货币经济学家、经济史学,同时也是米塞斯的朋友,蔡斯国家银行的前经济学顾问本杰明·安德森博士(Dr. Benjamin Anderson)于 1945 年 1 月为英文版的《国民经济学》写了一份很有价值的评估,并将其寄给了戴维斯。《国民经济学》是米塞斯第一本关于经济学基本原理的书。货币问题是该书的主要议题,而社会主义在书中只是提及。这本书对社会主义和货币做出了重要推论。Mises, *My Years*, p. 103.

的数理经济学和计量经济学等。他还更新了自己对社会主义和国家干预主义的批评。

除此之外，米塞斯还对前辈的理论进行了修正。庞巴维克在《资本与利息》的第一卷里舍弃了生产力利息理论，但之后又把这个假命题带回了经济学领域；而米塞斯在经济学领域引入了美国奥地利学派经济学家弗兰克·费特的纯时间偏好利息理论，纠正了庞巴维克的理论漏洞。

美国学术界的另一个污点是，我在哥伦比亚大学通过了所有的博士课程，却从来没有发现有奥地利学派这样的东西，更不用说其现存最重要的支持者路德维希·冯·米塞斯了。在通常被歪曲的社会主义计算辩论故事之外，我几乎没有听过米塞斯的大名，因此在 1949 年春得知米塞斯将要在纽约大学开设常规讨论班时，我感到万分惊讶。他们还告诉我，米塞斯打算在今年秋天出版一本巨著。“哦？”我问道，“是关于什么内容的书呢？”“关于一切，”他们回答。

《人的行动》确实是一本关于一切的书。这本书让我们这些泡在现代经济学里的人耳目一新。它解决了我在经济理论里察觉到的所有问题和矛盾，并为正确的经济方法和理论提供了一个全新的一流结构。此外，它为殷切的自由主义者提供了一种毫不妥协的自由放任政策；相比当时或日后的其他所有自由市场经济学家，它没有逃生门舱口，不会用“当然，政府必须打破垄断”或者“当然，政府必须提供并监管货币供应”这样的话来让自己前功尽弃。从理论问题到政治问题，米塞斯在所有问题上都保持了严谨和一致的灵魂。米塞斯绝不对自己的原则妥协，绝不为追求体面、社会赞同或政治赞同而卑躬屈膝。作为一位学者、一位经济学家和一个人，路德维希·冯·米塞斯是我们所有人的快乐、灵感和榜样。

《人的行动》是——并将继续是——一个了不起的出版现象。按今天的话说，这本书对出版社来说是一本畅销书，以至于出版社拒绝把它发行成平装本。像《人的行动》这样一本宏大、艰深的著作确实是值得关注的。令人惊讶的是，每月最佳书俱乐部把这本书列入了备选清单，而它还出版了西班牙语版、法语版、意大利语版、中文版和日语版。[1] 因此,通过《人的行动》,米塞斯得以发起了一个全国乃至国际范围内的奥地利学派和自由放任运动。

同样值得注意的是,由《人的行动》掀起的米塞斯主义运动是多阶级的:从学者到学生,还有商人、牧师、记者和家庭主妇。米塞斯本人始终重视向商人和大众推广;同时,曾计划建立一所研究生院,名为"美国经济学院",由 J. 霍华德·皮尤提供资金,米塞斯担任院长。我们一些年轻的米塞斯主义学者也在校董会里。米塞斯强调,学校的教师应该像在欧洲的普遍做法那样,向公众提供定期讲座,使合理的经济教育不局限于专业学者。遗憾的是,学校的计划最终告吹。

耶鲁大学出版社对《人的行动》的畅销程度和质量深感惊讶,主动要求做米塞斯二十年内作品的出版商。1951 年,全新加长版的《社会主义》出版;1953 年,耶鲁出版加长版的《货币与信用理论》。然而,在《人的行动》出版以后,米塞斯并没有坐在桂冠上休息。他接下来写的关于"盈亏问题"的论文也许是关于企业家的作用和市场盈亏体制最重要的讨论。[2] 1957 年,耶鲁出版了米塞斯的最后一本著作——内涵深刻的《理论与历史》(*Theory and History*)一书。在这本哲学著作里,米塞斯解释了人类行为和经济学理论与人类历史之间的关系,并且对传统社会主义计划经济、历史主义和各种形式的唯科学主义进行了批评。《理论与历史》成了米塞斯除《人的行动》以外最中意的作品。[3] 然而,好景不长,1959 年,负责米塞斯作品出版的尤金·戴维斯离职去了保守派季刊《现代》(*Modern Age*)担任创始人兼编辑,耶鲁大学出版社不再是米塞斯作品的

---

〔1〕 因此,《人的行动》能够力挫哈佛大学的约翰·肯尼斯·加尔布雷思在纽约《周日时代书评》(*Sunday Times Book Review*)的严厉评论,他还谴责了耶鲁大学出版社对出版这本书的温和态度。

〔2〕 "盈亏问题"最初是为了 1951 年 9 月在法国博瓦隆由朝圣山学社举办的学术会议而撰写的。这篇论文在同年由自由主义者出版社以小册子的形式发行,现在它作为一个独立章节,可以在下面这本米塞斯论文集中找到:Ludwig von Mises, *Planning for Freedom* (4th ed., South Holland, Ill.: Libertarian Press, 1980), pp. 108–150.

〔3〕 Mises, *My Years*, p. 106. 令人遗憾的是,1974 年后的奥地利学派复兴可悲地忽视了《理论和历史》。See Murray N. Rothbard, "Preface," Ludwig von Mises, *Theory and History: An Interpretation of Social and Economic Evolution*, 2nd ed. (Auburn University, Ala.: Ludwig von Mises Institute, 1985).

安身之处。[1] 在沃尔克基金会运作的最后几年,其出版项目负责发行了米塞斯剩余的作品,包括 1962 年出版的《自由与繁荣国度》(*Liberalismus*, as *The Free and Prosperous Commonwealth*)和《经济学中的认识论问题》(*Nationalökonomie*, as *Epistemological Problems of Economics*)。除此以外,在沃尔克基金会存在的最后一年里,基金还发行了米塞斯的最后作品——《经济学的最终基础》(*The Ultimate Foundation of Economic Science*),一篇关于经济学方法论和对逻辑实证论批评的论文。[2]

在第二次世界大战后的美国岁月,米塞斯在观察他之前的学生、朋友及追随者的行为和影响中了解了人生的起起落落。一方面,他非常荣幸能成为朝圣山学社(成立于 1947 年)的创始人之一。这是一家由信奉自由市场的经济学家和学者组成的国际社团。他非常欣慰地看到他的朋友路易吉·伊诺第(Luigi Einaudi)成为意大利的总理,雅克·吕埃夫(Jacques Rueff)成了戴高乐将军的经济顾问,勒普克和阿尔弗雷德·米勒-阿尔马克成了路德维希·艾哈德的重要顾问。20 世纪 50 年代,他们在各自的国家向着自由市场和硬货币方向转变的过程中扮演了重要角色。但米塞斯对朝圣山学社的领导并没有持续多久,愈发明显的中央集权倾向和对于经济政策暧昧不明的观点使他对学社的“美梦”破灭。尽管米塞斯和哈耶克至死都保持着亲密的关系,米塞斯也从未说过他这位老朋友和门徒的坏话,但他显然对哈耶克在第二次世界大战之后的改变感到不满。他觉得哈耶克逐渐脱离了米塞斯主义行动学和方法论个人主义,向着逻辑经验主义和新实证主义靠拢。例如,在 20 世纪 60 年代,当米塞斯听说

---

〔1〕 1963 年第二版《人的行动》背后有个令人不安的故事,详见:Mises, *My Years*, pp. 106-111. 这一版本质量低劣,而且看上去是出版社的问题。米塞斯因此起诉耶鲁大学出版社不堪的印刷工作,不过双方在庭外达成和解,出版社基本上同意了米塞斯的所有要求。《人的行动》的出版权随后转给了 Henry Regnery 公司,由他们负责 1966 年发行的第三版,但耶鲁大学出版社至今仍然拿着一部分版税。整件事情最糟糕之处是对 82 岁高龄的米塞斯的精神折磨。看到自己毕生的心血被人胡乱印刷,实在是一件很令人沮丧的事。

〔2〕 所有这三本作品都是由 D. Van Nostrand 出版社发行的。这家出版社的主席同情米塞斯的遭遇,并与沃尔克基金有着出版业务上的合作。乔治·瑞斯曼翻译了《经济学中的认识论问题》,拉夫·莱科翻译了《自由与繁荣的国度》。这两人从高中时代(1953 年)就开始参与米塞斯的学术研讨会。See Mises, My Years with Ludwig von Mises, pp. 136-137. 关于莱科和瑞斯曼,参见:Mises, *My Years*, pp. 136-137.

哈耶克在纽约大学“内部和外部秩序”(Nomos and Taxis)课上含蓄但清楚地否定了哈耶克自己在《科学的反革命》中所用到的行动学方法论时,感到十分“震惊”。总体来看,米塞斯虽然欣赏哈耶克20世纪60年代所写的关于政治哲学和政治经济学的作品,特别是《自由宪章》,但他坚定地批评了哈耶克认为福利国家“与自由相容”的这一观点。〔1〕

在生命的最后两年里,米塞斯的健康状况不断恶化。1973年10月10日,20世纪思想界巨匠之一路德维希·冯·米塞斯去世,享年92岁。颇具讽刺意味的是,翌年,哈耶克获得了诺贝尔经济学奖,不是因为他后来的哲学漫谈和冥想,而恰恰是因为他在20世纪20年代和30年代作为一名狂热的米塞斯主义者,在阐述米塞斯的商业周期理论方面所做的工作。之所以说具有讽刺意味,那是因为,如果说有人比哈耶克更应该获得诺贝尔奖,那个人显然应该是他的导师路德维希·冯·米塞斯。我们有些人根据愤世嫉俗的猜测判断,瑞典诺贝尔奖委员会特意把该奖留到米塞斯去世后颁发,否则他们将不得不把该奖授予一个他们认为难以理喻地“教条”和“反动”的人。

颁给哈耶克的诺贝尔奖,加上十五年来日益壮大的米塞斯主义运动,使奥地利学派经济学的复兴开启了其名副其实的“起飞”阶段。至少,痴迷于诺贝尔奖却从未听过哈耶克的一般经济学家开始感到有必要调查一下这个人到底做过什么。哈耶克也是首位打破该奖只授予数学家和凯恩斯主义者僵局的诺贝尔奖得主。自那时起,许多自由市场经济学家获得了该奖。

从1974年起,奥地利经济学开始复兴,对米塞斯及其思想的关注程度也与日俱增。尽管米塞斯的思想在他生命最后四十年受尽了嘲讽,奥地利学派经济学,尤其是其中米塞斯的贡献,至少是今日混乱的经济学界中难得的一缕清风。

在1974年之后的几年,奥地利学派经济学的复兴活跃了起来,每年都有值得注意的会议和出版文集。但随后潮流似乎转向,到20世纪70年代末,以前致力于复兴米塞斯主义经济学的研究中心和研究所也开始

〔1〕 Mises, *Planning for Freedom*, p. 219.

失去兴趣。会议和书籍在数量和质量上都出现了下降,我们开始再次听到老掉牙的谣言:米塞斯太“极端”、太“教条”,当一个米塞斯主义者已经“风光不再”,不可能再继续获得政治影响力,或者对年轻学者来说,不可能再获得终生教职。从前的米塞斯主义者开始追求异邦神,在米塞斯所厌恶的德国历史学派、制度主义、虚无主义信条那里找到价值。更糟糕的是,一些年轻的奥地利学派经济学家实际上在试图暗示米塞斯本人——一个人为真理奉献了一生的人——实际上认可了这种可恶的花招。

幸运的是,就在米塞斯主义道路看起来即将再次遗失时,路德维希·冯·米塞斯研究所在 1982 年成立了。从那时起,米塞斯研究所蓬勃发展,几乎单枪匹马地复兴了米塞斯主义经济学,并且主导了不断增长的奥地利学派运动。通过年度学术期刊《奥地利学派经济学评论》(*The Review of Austrian Economics*)、季刊《奥地利学派经济学通讯》(*Austrian Economics Newsletter*),以及月刊《自由市场》(*The Free Market*)[1],还有越来越多的书籍、不定期论文和工作论文出版项目、年度的教学讨论班、政策会议、许许多多的非住校研究生奖学金和在奥本大学及全国其他大学的住校奖学金,米塞斯研究所终于建立起奥地利学派主义,它不仅是一种可行的新范式经济学,而且是真正的奥地利学派。在精神和奇妙的思想主体上,我们继承了伟大的米塞斯思想,而本着米塞斯的精神,米塞斯研究所打造了多层次的项目,从学术的最高层到大胆讲出我们这个时代重要的具体政策问题。因此,幸亏有了米塞斯研究所,在起起落落之后,我们终于打造了米塞斯真正会引以为傲的奥地利学派复兴。我们遗憾的是,他没能活着看到奥地利学派复兴。

---

〔1〕 本刊已在 2015 年正式更名为《奥地利学派经济学家》(*The Austrian*)。——译者注

第十七章　尾声：米塞斯其人

米塞斯是谁？自从他死后，他在20世纪20年代最心仪的一些学生，特别是哈耶克，都散布了米塞斯是“执拗的”“严厉的”“严格的”，与他的学生不亲近，甚至是“为人讨厌”的言论。这些苛责要么是对采访者说的，要么是在赞美米塞斯时作为批评插入的。[1] 但是，他是一个一辈子都被热心崇拜者和追随者包围着的那种老师吗？当然，我可以作证，他的所有美国追随者都不仅钦佩其智慧和创造力的伟大和严谨，仰慕他不屈的勇气，而且都热爱他灵魂中的有吸引力之处。如果有人认为他的个性不知何故变得比20世纪20年代时更严厉了，那么那种冷漠、不近人情的老师怎么能让费利克斯·考夫曼这样的人为了纪念米塞斯的讨论班而创作歌曲呢？[2]

我们这些美国学生不仅被米塞斯其人深深打动，而且都意识到从米塞斯身上看到了第一次世界大战前老维也纳文化辉煌的最后踪迹，这种文明要比我们重新认识的优良得多。与米塞斯年龄相仿的威廉·E. 拉帕德在他1956年准备的米塞斯纪念文集里，很好地抓住了这种精神。拉帕德写到了米塞斯在日内瓦的岁月里：

---

〔1〕 See Craver, “Emigration,” p. 5; Mises, *My Years*, p. 222.

〔2〕 Mises, *My Years*, p. 211.

我时常——或许这样说很轻率——享受着他的陪伴。所有有幸享受此殊荣的人都会意识到,他不仅在当代经济学家中有着最为敏锐的分析头脑,而且同时保存着一座历史文化宝藏,一种在今日世界难得一见的人性与奥地利智慧,让其中的珍宝光彩夺目。实际上,我有时会不无担心地想,我们这一代是不是最后一批有幸见识到那些似乎专属于战前维也纳的人。[1]

但感激米塞斯其人的最佳话语,是他的长期崇拜者拉尔夫·莱科(Ralph Raico)教授在纪念米塞斯思想时写下的,其文字敏锐而优美:

六十多年来,他一直在与时代精神作战,与每种进步、胜利或只是时髦的政治学派——无论左右——作战。

十年又十年,他转战军国主义、贸易保护主义、通货膨胀主义、社会主义的每种类型,以及干预主义国家的每项政策,并且大部分时间他几乎都在孤军奋战。只有他为之奋斗的内心深处的真理和理想的最高价值,才能维持米塞斯旷日持久的全面战役。这与他的气质一起,使得他的语气有一些“傲慢”(米塞斯讨论班的一些人喜欢用米塞斯自己最喜欢的词,亲切地称之为“超然”),学术圈里的自由左派和社会民主主义者无法接受有人为他辩护,他们认为容忍是没有价值的……

但缺乏认可似乎丝毫没有影响并左右米塞斯。[2]

莱科教授以这段非凡而敏锐的话作为总结:

对米塞斯缺乏感激只会使这个人更完整,而无须再多说什么。米塞斯伟大的学术成就使我想起其他说德语的学者,如马克斯·韦伯和约瑟夫·熊彼特。米塞斯似乎在按这个原则工作:总有一天让所有百科全书从书架上消失;他在课堂上的讲解犹如笛卡尔般清晰(大师才能把一个复杂的问题简单说明);举

---

〔1〕 William E. Rappard, “On Reading von Mises,” in Mary Sennholz, ed., *On Freedom and Free Enterprise: Essays in Honor of Ludwig von Mises* (Princeton, N. J.: D. Van Nostrand, 1956), p. 17.

〔2〕 Ralph Raico, “The Legacy of Ludwig von Mises,” *The Libertarian Review* (September 1981), p. 19. The article was included in a Mises Centennial Celebration issue of the magazine. An earlier version was published in *The Alternative*, February 1975.

手投足都能表现出他对理性生活的尊重；即使对初学者，他也保持礼貌、善良和理解；众人皆知，他的真正智慧孕育于伟大城市之中，近似于柏林、巴黎和纽约，却是维也纳的，也更加温和——让我这样说，早早遇见伟大的米塞斯往往会让一个人在头脑里对理想的知识分子应该是什么样子产生一个终生的标准。这种标准对他遇见的其他学者是不公平的，用它来评判的话，普通的大学教授，譬如芝加哥的、普林斯顿的或哈佛的，就会沦为笑柄（但用这种衡量标准去评判他们是不公平的，我们在此谈论的完全是两种不同类型的人）。

米塞斯去世时，我正在准备讣告，莱科教授好心地从《阿多尼》(*Adonais*)一书里关于雪莱对济慈的伟大颂词中找了一个感人至深的段落送我，像往常一样，莱科在最终评价米塞斯时一语中的：

正如他能给予——他们消受不起——
那些将世界变成祭品的壮丽：
随后他逐渐恢复了王者之气——
与其同时代的腐朽之风为敌，
过去的一切不可能销声匿迹。[1]

---

〔1〕 Raico, "Legacy," p. 22.